读懂贾平凹

王新民 著

江苏凤凰文艺出版社
JIANGSU PHOENIX LITERATURE AND
ART PUBLISHING

图书在版编目（CIP）数据

读懂贾平凹 / 王新民著. — 南京：江苏凤凰文艺
出版社，2024.3
ISBN 978 - 7 - 5594 - 7609 - 8

Ⅰ. ①读… Ⅱ. ①王… Ⅲ. ①贾平凹—人物研究
Ⅳ. ①K825.6

中国国家版本馆 CIP 数据核字（2024）第 006644 号

读懂贾平凹

王新民　著

出　版　人　张在健
选 题 策 划　于奎潮
责 任 编 辑　王娱瑶
责 任 印 制　杨　丹
出 版 发 行　江苏凤凰文艺出版社
　　　　　　南京市中央路 165 号，邮编：210009
出版社网址　http://www.jswenyi.com
印　　　刷　苏州市越洋印刷有限公司
开　　　本　880 毫米×1230 毫米　1/32
印　　　张　7.75
字　　　数　135 千字
版　　　次　2024 年 3 月第 1 版
印　　　次　2024 年 3 月第 1 次印刷
标 准 书 号　ISBN 978 - 7 - 5594 - 7609 - 8
定　　　价　52.00 元

（江苏凤凰文艺版图书凡印刷、装订错误，可向出版社调换，联系电话 025 - 83280257）

走向世界的贾平凹作品（代前言）

孙立盎　王新民

　　贾平凹不仅是中国当代文学具有标志性、代表性和贯穿性的领军作家，而且是中国当代出版具有标志性、代表性和贯穿性的领军作者。据不完全统计，贾平凹迄今已出版六百多种版本的作品或作品集，堪称中国当代作家之最，尤其是长篇小说畅销不衰——《废都》印数达上百万册，之后的十六部长篇小说起印数均在十五万册以上，2018 年出版的第十六部长篇小说《山本》精装本开印数五万册，平装本开印数四十万册，还有《收获》专号若干万册。散文集也一版再版长销不衰，其中，《自在独行》发行量高达百万册，创造了当代中国出版的奇迹和神话。

孔子曰：五十而知天命。但令人惊奇的是，贾平凹进入五十岁后，创作出现井喷现象，十八年间，先后创作出长篇小说《秦腔》《高兴》《古炉》《带灯》《老生》《极花》《山本》《暂坐》《酱豆》等作品，并且不断在创新。他在接受记者采访时说过，知天命之年后才悟出好多写作的道理。正如他在《带灯》后记中所写的："《秦腔》《古炉》是那一种写法，《带灯》我却不想再那样写了，《带灯》是不适那种写法，我也得变变，不能在一棵树上吊死。那怎么写呢？其实我总有一种感觉，就是你写得时间长了，又浸淫其中，你总能寻到一种适合于你要写的内容的写法，如冬天必然寻到棉衣毛裤，夏天必然寻到短裤T恤，你的笔是握在自己手里，却老觉得有什么力量在掌控了你的胳膊。几十年以来，我喜欢着明清以至三十年代的文学语言，它清新、灵动、疏淡、幽默、有韵致。我模仿着，借鉴着，后来似乎也有些像模像样了。而到了这般年纪，心性变了，却兴趣了中国两汉时期那种史的文章的风格，它没有那么多的灵动和蕴藉、委婉和华丽，但它沉而不靡，厚而简约，用意直白，下笔肯定，以真准震撼，以尖锐敲击。何况我是陕西南部人，生我养我的地方属秦头楚尾，我的品种里有柔的成分，有秀的基因，而我长期以来爱好着明清的文字，不免有些轻的佻的油的滑的一种玩的迹象出来，这令我真的警觉。我得有意地学学两汉品格了,使自己向海风山骨靠近。可这稍微的转身就何等地艰难,写《带灯》时力不从心,常常能听到转身时关关节节都在响动,只好转一点,停下来,再转一点,停下来。我感叹地说:哪里能买到文学上的大力丸呢?"这种文学自觉、衰年变法的精神令人钦佩!

贾平凹作品在国内畅销的同时,在海外也热销起来。记得20世纪80年代,贾平凹和其他陕西作家曾经提出"打出潼关走向全国"的口号。三十年后的今天,贾平凹的作品已经打出海关走向世界。据不完全统计,截至2018年,贾平凹作品已经被翻译为英、法、德、意大利、捷克、西班牙、葡萄牙、阿拉伯、瑞典、俄、日、韩、越等多国文字。在已经翻译并且出版的作品中,英文译本有三十九部(篇),包括单行本和文集(独立文集与多人合集);德语译本十七部;法语译本八部;瑞典语二部;意大利语一部;越南语译本三十余部;日文译本五部。此外还有阿拉伯语、韩语、俄语译本等。另外,在中国台湾和中国香港出版近四十种繁体字本。

目前,还有一些作品已经翻译完毕,正在出版中,如法文版的《带灯》,德文、意大利文、西班牙文和瑞典文的《极花》等;还有正在翻译的作品,包括英文的《极花》《古炉》《秦腔》《山本》,法文、德文《极花》,德文《秦腔》,意大利文《老生》,捷克文、阿拉伯文《废都》,瑞典文《怀念狼》,俄文、阿拉伯文、乌尔都文、哈萨克文、波斯文、泰文《晚唱》《冰炭》，韩文《古炉》以及多部葡萄牙文作品。

根据以上译介情况，可以看出，近年来贾平凹作品的海外译介情况发生了很大的变化。首先，译作数量剧增，语种不断扩展。目前出版的包括《暂坐》《山本》在内的十八部长篇小说中，只有《商州》《高老庄》《白夜》《暂坐》五部目前没有被着手翻译，其余均已翻译出版或正在翻译出版中；西班牙文、瑞典文、捷克文、意大利文以及阿拉伯文、乌尔都文、哈萨克文、波斯文、泰文等小语种译作也纷纷亮相。

其次，译介机构发生变化。20 世纪，主要是由国家对外宣传机构主持的译介行为，以中国外文出版发行事业局（简称"中国外文局"，前身是中央人民政府新闻总署国际新闻局）主办的《中国文学》与之后中国文学杂志社翻译出版的"熊猫丛书"为主要阵地。《中国文学》创刊于 1951 年 10 月，不定期向海外发行，2001 年停刊。它是新中国成立后国外读者了解中国文学艺术的唯一官方刊物，较为全面地向国外读者介绍中国的文学艺术。自 1978 年第 3 期至 1993 年第 2 期，《中国文学》共刊载贾平凹作品十一篇，是陕西当代作家中作品被《中国文学》翻译介绍最多的。"熊猫丛书"出版始于 1981 年，已出版外文版图书二百余种，其中包括贾平凹的七部作品。

20世纪90年代以来，主要由国内的作家协会、翻译家协会及其他出版机构组织出版活动，或由海外出版社、报刊杂志社进行出版。如陕西作家协会2010年推出俄汉对照版的《情系俄罗斯》，收录有贾平凹的散文；2011年与2014年又分别出版了《陕西作家短篇小说集》的英文版和西班牙文版；外语教学与研究出版社于1999出版了《贾平凹小说选》英汉对照版，收入作品《五魁》《美穴地》。由NY：Ballantine Books 1988年出版的朱虹编译的《中国西部：今日中国短篇小说》中收入《人极》《木碗世家》；由Stanford University Press（斯坦福大学出版社）1990年出版的萧凤霞编译的《民、知识分子和国家，现代中国的故事和历史》中收入《水意》；NY：M. E. Sharpe（夏普出版社）1992年出版的由汉学家马汉茂与金介甫选编的《当代中国作家自画像》中收入《即使在商州，生活也会变》；Bochum University Press（波鸿大学出版社）出版的由德国著名汉学家吴漠汀编选的《20世纪中国散文集》中收入《秦腔》《月迹》和《弈人》；由San Francisco：Long River Press（长河出版社）2005年出版的"国"系列的《故乡与童年》中收入散文《春》；2012年长河出版社推出的《中国小说选》中收入《饺子馆》《猎人》；此外，《卫报》（Guardian）和"纸上共和国"（Paper Republic）分别于2008年和2011年刊登了贾平凹《高兴》和《古炉》的节选。

再次，译本的形式也有所变化。由前期以散文、短篇小说的译介为主发展为近年来以长篇小说为主，同时，译本也由以合集为主发展为以单行本为主。如《浮躁》《废都》《带灯》《高兴》的英文版；《废都》《土门》《古炉》的法文版；《秦腔》《高兴》的瑞典文版；《高兴》的意大利文版；《秦腔》《废都》的阿拉伯文版；《废都》《土门》《老生》的日文版；《废都》《高兴》《秦腔》的韩文版和《浮躁》《废都》《怀念狼》《病相报告》《秦腔》等的越南文版等。

由此可以看出，贾平凹的作品在译介与传播方面，从上世纪七八十年代至今，有了长足的发展，不仅数量增加，范围扩大，而且译介机构、译本选择等都发生了一些变化，究其原因，主要有以下几点：

首先与作家本人创作的变化直接相关。新世纪以来，作家主要从事长篇小说创作，每两到三年就会推出一部长篇，中短篇几乎不写，散文的写作数量也很有限。其次，与各方大力推进有关。长期以来，包括贾平凹在内的陕西作家，比较内敛保守，一般不大会主动向外推销自己，不会外语，也缺乏与外国人打交道的信心和经验，更不会主动地与国外汉学家交往。所以依靠自身向外拓展较为困难。近年来，社会各方大力推进，使以贾平凹为代表的陕西作家向外发展的趋势越来越明显。政府层面，大力实施文化"走出去"战略，以各种形式支持文学的海外推广活动，中国作家协会已经开展了三项与对外文学译介相关的工作；国务院新闻办主导的"中国图书对外推广计划"和"中国文化著作翻译出版工程"也已在进行中，这些活动中都能看到贾平凹作品。在此背景下，作为文学大省，陕西早在 2008 年就成立了隶属于陕西省作协的文学翻译委员会，启动了 SLOT 计划（陕西文学海外翻译计划），贾平凹的一些散文和短篇小说已经通过这一计划被翻译为俄文、英文和西班牙文。一些社会机构、社会团体、出版社等也以各种形式向海外宣传推广贾平凹。如 2016 年6 月"中国文化译研网（CCTSS）中国当代文学海外译介推广平台"在北京启动，将有代表性的中国当代文学作品进行译介推广；同时，CCTSS 还与亚马逊联合启动了"CCTSS—亚马逊"中国当代文学精品翻译合作项目，美国亚马逊已经将贾平凹的作品纳入了翻译出版计划。《高兴》《带灯》均由亚马逊出版。人民文学出版社积极进行海外版权的推广活动，利用各种机会带领作家走出国门。通过参加各类书展、组织各类文学交流活动，面对面地与国外出版商、编辑、读者对话。与国外出版社共同做好中国文学作品的海外出版及宣传推广工作。贾平凹等作家到海外参加对话及交流活动，引起了一定的反响。另外，民间机构贾平凹文化艺术研究院也在积极地推进贾平凹与海外译者的联系沟通，2016 年 3 月，加拿大汉学家 Nick Stember(沈若昆)受邀光临西安,就"中国文学如何走向世界"发表了自己的观点,并被贾平凹文化艺术研究院聘为首席研究员,参与贾平凹作品相关翻译与推广工作。最后,近年来,作家本人也对其作品的海外推广持积极配合的态度,在翻译问题上,不再坚持"一句不改"的翻译原则;并参加国际学术研讨会等活动。2017 年 9 月 18 日,贾平凹出席陕西省作家协会、陕西师范大学文学院、加拿大文化更新研究中心等联合主办的"文化的全球性与地域性——中华文化自信与长安文化传播"国际学术研讨会,并作了"传承与创新:讲好中国故事·从文化策略视角看文化传统的现代重构·陕西代表作家的解读"为主题的发言。2017 年 11 月 17 日,贾平凹、诺贝尔文学奖评委埃斯普马克、瑞典翻译家陈迈平、张清华、余华、李洱、欧阳江河等人出席由北京师范大学国际写作中心举办的"通向世界文学之路:东西方的不同视角"国际学术研讨会。这一切,都促使了贾平凹作品海外译介成果的日益丰富、传播的日益广泛。

　　贾平凹作品在海外的影响日益扩大。文学接受是一种以文学文本为对象、以读者为主体、以把握文本深层意蕴为目的的积极能动的阅读和再创造活动,是读者在审美经验基础上对文学作品的价值、属性进行主动选择、接纳或扬弃的过程。实事求是地说,2013 年之前,贾平凹作品的海外普通读者数量还很有限。2013 年以后，这种情况发生了一些变化，随着作家的作品在海外被越来越多地翻译出版，作品被越来越多的海外图书馆收藏，更多的普通读者也开始关注和阅读。特别是 2017 年，贾平凹的作品在海外引起了极大的关注。

2017 年，是贾平凹作品在海外翻译出版的丰收年，由葛浩文翻译的英文版《废都》、陈安娜翻译的瑞典文版《秦腔》、吉田富夫翻译的日文版《老生》、安博兰翻译的法文版《古炉》《带灯》和意大利文版《高兴》、胡宗锋和留学生罗宾·吉尔班克翻译的英文版《土门》相继出版。德文版《极花》、西班牙文版《极花》《秦腔》、阿拉伯文版《废都》和瑞典文版《怀念狼》等作品也在翻译之中，即将出版问世。8 月 23 日，亚马逊宣布在其全球十四大站点同步首发贾平凹的小说《高兴》英文版 *Happy Dreams*，将该书介绍给遍及一百八十三个国家和地区的亚马逊读者，这是亚马逊首次为华人作家的作品英文版举办全球性的首发活动。这一活动对于贾平凹作品在海外的推广作用非常明显。12 月 15 日，在北京举行的 2017 亚马逊·年度阅读盛典上，公布了长篇小说《高兴》英文版荣获亚马逊亚洲文学排名第一，外国翻译文学排名第一，中国文学排名第一，kindle（亚马逊电子书阅读器）所有图书销售排行前一百。2017 年 8 月 24 日，《极花》荣登 2017 年中国作家海外图书馆收藏榜首,被美国、澳大利亚、加拿大、瑞士等六个国家和地区的七十九家图书馆收藏,成为当年海外图书馆入藏最多的中国文学图书。2017年12月29日,贾平凹长篇小说《土门》英文版由英国峡谷出版社出版,在西北大学举行全球发行仪式。《土门》是贾平凹1996年创作完成的长篇小说,围绕乡村与城市的争斗展开,讲述了一个村庄城市化的过程。该书首版由春风文艺出版社在1996年10月出版发行。二十多年来先后由长江文艺出版社、广州出版社、人民文学出版社、安徽文艺出版社、译林出版社等多家出版社多次再版发行,入选《贾平凹文集》等多种版本文集。小说英文版由西北大学外国语学院教授、陕西省翻译协会主席胡宗锋,英语文学博士、任教于西北大学的罗宾·吉尔班克,长沙师范学院教师贺龙平合作翻译。同年7月,贾平凹书面授权胡宗锋、罗宾·吉尔班克翻译的《土门》英文版在英国出版。

2018年,是贾平凹作品在海外翻译出版的又一个丰收年,4月13日,在伦敦书展上,贾平凹第十六部长篇小说《山本》的三种中文版在国内出版不久,人民文学出版社就与英国查思出版(亚洲)有限公司签署了《山本》英文版的版权输出合同。8月15日,在贵阳召开的第五次汉学家文学翻译国际研讨会上,由德国翻译家郝慕天翻译的贾平凹长篇小说《极花》德文版首发,并在研讨会期间举行了阿拉伯文版的版权输出签约仪式。8 月 23 日,在第二十五届北京国际图书博览会开幕之际,亚马逊宣布完成了贾平凹的长篇小说《秦腔》海外出版签约工作。继 2017 年 8 月,贾平凹的长篇小说《高兴》英文版 *Happy Dreams* 在亚马逊全球十四大站点推出并广受好评后,为响应"一带一路"倡议,亚马逊又推出此书的印度版(英文),并有望授权阿拉伯文版,将刘高兴进城打工的故事带给更多国家和地区的读者。此次新增的《秦腔》是贾平凹第二部被纳入亚马逊全球出版的长篇小说,将继续由韩斌女士担当翻译工作。英文版翻译完成后,亚马逊将把该书作为亚马逊美国网站中国翻译小说的重点作品进行推广。8 月 24 日,在第二十五届北京国际图书博览会上,人民文学出版社举行了贾平凹海外版权成果推广会,贾平凹与国外出版家、翻译家进行现场对话,人民文学出版社与黎巴嫩雪松出版社签署了《老生》阿拉伯文版版权输出合同,将在整个阿拉伯语地区发行。8 月 25 日,在北京 798 艺术街区机遇空间,贾平凹就作品翻译发表了看法,并与西班牙出版人 Gloria Elena Bazán(格罗夫)、大西洋出版社高级编辑 Barraz Peter Blackstock 等国外出版人和翻译家就包括贾平凹作品在内的中国文学翻译出版进行了交流。

迄今为止,贾平凹以其作品成就及其影响力,先后荣获"美孚飞马文学奖""法国女评委外国文学奖""法兰西共和国文学艺术荣誉奖""法国文学艺术金棕榈骑士勋章"。其中"法兰西共和国文学艺术荣誉奖"是法国最高的荣誉奖之一，授予那些在文学艺术领域做出创造性贡献的人。法国驻华大使在给贾平凹的贺信中说："您的作品在法国影响很大，这项荣誉是授予您作品内容的丰富多彩性与题材的广泛性。"

"每个作家都希望自己的作品走得更远一些，让使用不同语言的读者都能读到它，这是我的心愿。世界文学其实就是翻译文学，如果不翻译，谁也不知道你。因为陕西的很多方言读音是古代在民间以特殊方式保留下来的。只要对中国古代文学稍有了解，就会读懂方言。所以我特别佩服一些翻译家，翻译的过程也是重新创作了一次。我要对翻译家表示我的敬重，向他们致敬。"贾平凹曾多次在公众场合发表以上看法。

贾平凹作品在国内外的持续畅销或长销，尤其是走出国门不断亮相海外图书市场，是中国改革开放的缩影，也是中国出版"走出去"的缩影，是中国图书版权贸易在海外不断开花结果的缩影。那么，将其策划、编辑、输出、翻译、出版、争论、获奖等过程及其思考予以记述，无疑将会给当代中国文学、出版、版权事业和产业发展带来借鉴价值、示范意义和促进作用。

目录

走向世界的贾平凹作品（代前言）   001

我与贾平凹的三十年   001

书友贾平凹   006

"本人气质决定，我爱蔫怪。"   010

鉴定出版社的"行家"   019

"我自己么，微不足道"   022

"爱我的人在前边拉我，恨我的人在后边推我"   028

"发掘最动人的情趣"   031

散文为什么不能虚构?   035

遭遇盗版之痛   038

"我正在为我的权益而工作着"   041

从一碗羊肉泡到三千元   056

"不可无一，不可有二"的贾氏书画   063

"苏东坡是我最向往的人物"   066

人间又添一奇迹   072

俄式老楼上的文艺编辑　　　　　　　　　075

贾平凹作品的编辑们　　　　　　　　　080

"说平论凹"的批评家们　　　　　　　　094

贾平凹的铁杆粉丝们　　　　　　　　　116

"写作机器"和"假平凹"　　　　　　　　125

"人生来受苦，为啥还顽强求生"　　　　136

珍藏贾平凹　　　　　　　　　　　　　144

"作家就要像农民那样"　　　　　　　　152

贾平凹及其作品与地方志　　　　　　　169

《山本》就是一本秦岭志　　　　　　　173

贾平凹的骑士品质　　　　　　　　　　179

关于《废都》："它不是死得干脆，就是活得顽皮。"　192

永不熄灭的《带灯》　　　　　　　　　197

"通过《老生》写出整个中国"　　　　　200

尴尬的还乡与无奈的逃离　　　　　　　204

《平凹游记选》等书出版追记　　　　　211

附录

《行余集》序　　　　　　　　　贾平凹　223

在《贾平凹打官司》座谈会上的讲话　贾平凹　225

王新民作品研讨会贺词　　　　　　贾平凹　228

后记　　　　　　　　　　　　　　　230

我与贾平凹的三十年

　　说起贾平凹，难免话长，因为交往时间不短了。记得我和平凹相识在 1985 年春，那时我在陕西人民美术出版社做编辑，策划出版"陕西旅游文学丛书"，编辑的第一种便是《平凹游记选》，因此书的编辑出版，我开始了和平凹的交往，屈指算来，迄今已有三十余年。

　　这是我和平凹结缘的三十余年。《平凹游记选》出版后，虽说我离开出版社调到新闻出版局工作，但一直保持着和平凹的联系，具体表现在继续策划编辑他的作品，计有《贾平凹游品精选》《坐佛》《贾平凹书画》《做个自在人——贾平凹书话序跋选》《西路上——贾平凹手稿珍藏本》，几乎都是首创，后二者迄今还是空前绝后。要说集大成者则是主编《贾平凹文集》二十卷，花费我两年的业余时间，但为中国文学和广大读者留下一套丰厚的文学精品是令人欣慰的。

这也是我品评记录平凹的三十余年。在编辑策划平凹作品的同时，我不断扩大加深对平凹其人及其作品的了解，于是根据掌握的第一手资料，先后撰写了《贾平凹打官司》《书友贾平凹》《真话真说》《〈秦腔〉大合唱》《一部奇书的命运——贾平凹〈废都〉沉浮》《贾平凹纪事（1990～2000）》《贾平凹纪事（2000～2010）》。为贾平凹研究作了一些探索，积累了一些史料，受到贾平凹、京夫、孙见喜、韩鲁华等作家、评论家的肯定和称赞。尽管付出较大心血，但也是值得的。

这同样是为平凹维权的三十余年。记得1994年，一本名为《霓裳》的假冒贾平凹名头的图书悄然上市，在撰文正本清源鼓与呼的同时，我为平凹聘请律师起诉侵权者，经过三年艰苦卓绝的斗争，终于胜诉，获赔24万元，收到以儆效尤的效果。同时根据第一手资料，创作出版长篇纪实作品《贾平凹打官司》，相继召开两次座谈会、研讨会，增强了作家的维权意识，保护了著作权人的合法权益，也营造了维权光荣、侵权可耻的社会氛围。在此前后，还鉴于人们对《废都》等平凹作品的误读、曲解，策划编选了《贾平凹与〈废都〉》《多色贾平凹》《贾平凹谜中谜》《〈废都〉废谁》等书，正本清源，知人论世，知人论文，引导人们正确阅读文学作品，维护了作家及其作品应有的权益，促进了文学、出版事业的健康发展。尽管当时遭到个别人的误解和慢待，但至今无悔。

这三十余年，同时也是学习践行平凹大散文理念的三十余年。记得1992年在莲湖公园的承天阁参加平凹创办的《美文》创刊新闻发布会，聆听平凹关于大散文理念的阐述，茅塞顿开，从此开始全面的书评、书话、随笔、散文、纪实等诸种形式的大散文创作，先后出版《行余集》《走马书林》《不惑集》《高考大透视》《大地美容师》《寻访高兴》《一本书的故事》《人生忠告》《龟兔赛跑》《春华秋实》（后二者与女儿王荃合著），使我这个汉语言文学专业的学生学以致用，不负老师的一番谆谆教诲，不负亲友的殷殷期望，也不负平凹大散文理念的一片良苦用心和他在写给拙著《行余集》序文中"好人好文"的评价。

这三十余年，也是收藏贾平凹作品著作的三十余年。在我的书房，贾平凹的著作几乎占据了两个书柜，各种不同的版本有三百种左右，既有国内的出版社出的长篇小说、中短篇小说集、散文集、十几种文集，也有繁体字竖排的港台版和外文版图书；除了正版图书，为了研读，我还收集了有关平凹作品的数十种盗版书、假冒书和非法出版物，比如十来种《废都》盗版本，二十来种各种私编贾平凹文集，还有假冒贾平凹姓名出版的长篇小说《霓裳》。此外，我还有幸在策划编辑贾平凹作品集和文集时收藏到他的手稿，不仅有中短篇小说，而且有散文、随笔和序跋，其中就有给我写的《行余集序》。此外还有书信、手札，虽然短小，却十分珍贵。值得永久珍藏。

这三十余年，还是分享平凹创作成果的三十余年。正如评论家所言：贾平凹是当代贯穿新时期的标志性作家。他以病弱之躯，从不说一句硬话，但也从不干一件软事。面对接踵而来的误解甚或批判，他默雷止谤，顽强不屈，低调为人，高效创作，迄今已创作了上千万字的各种文学作品，尤其是知天命之后，几乎每两年创作一部长篇小说，且部部畅销，屡获大奖，受到好评。还有他的中短篇小说、散文、评论，几乎篇篇精品，字字真言，几乎成为我们精神生活须臾不可缺少的营养品，源源不断地滋润着我们的心田和灵魂，使我们在转型变革时期活得有些诗意和趣味。

可以说，假如没有贾平凹及其作品，我的人生可能是平铺直叙的，不可能如此柳暗花明；假如没有贾平凹及其作品，我们的精神生活可能单调乏味，不可能如此丰富有趣；假如没有贾平凹及其作品，中国乃至世界文学的出版宝库可能品种减少，不可能如此琳琅满目。我们有幸和贾平凹生活在同一时代，同一城市。即使贾平凹百年之后，他的文学遗产也将永远与我们同在。当然但愿人长久，永远共婵娟。这不仅是我的深深祝福，也是中国乃至世界文学出版界和广大读者尤其是平凹粉丝们的深深祝福！

2015.12.27

书友贾平凹

近年来，随着贾平凹的名气越来越大，写贾平凹的文章也越来越多，其中不少文章的标题为"我的朋友贾平凹"，或"我的文友贾平凹"，甚或"我的挚友贾平凹"，大有平凹朋友遍天下之势。在此形势下，特别是自孙见喜的《鬼才贾平凹》出版后，不少看了此书的人问我和贾平凹的关系，回避不过，答之曰：书友。

早在20世纪70年代末或80年代初，我就认识了贾平凹，但熟识深交却始于书。记得是1985年春，那时我在出版社从事旅游读物编辑工作，策划了一套《旅游文学丛书》，《平凹游记选》是其中的一种，从组稿到编辑、出版乃至发行，我们都合作得很好，从此有了友谊。但信奉君子之交淡如水、文人宜散不宜聚的面对文学、背对文坛的我却极少去平凹处走动，倒是由于他著作日丰，常与出版打交道，我时不时在出

版社的办公室或编辑的家里碰见他,有时他托同行捎来签过名的新著,当然,我嘱朋友向他索要的书,也几乎是祈拜菩萨——有求必应。书的扉页上有的题有"新民君存念",有的题有"新民友存正",有的题有"新民先生指正",还有的则题着请我和妻同存共正的字样。不少题字加盖着他的名章或闲章,其中《爱的踪迹》一书中的名章是自画章,这堪称平凹的特色。当然我所收藏的几百种平凹签名的书中,也有的是我买的或从别处要的,见面时请他补签,不能算作赠送。

后来应出版社之约请,我与他人合编过《贾平凹游品精选》,策划过《坐佛》等书,为其著写过内容简介,在报刊上发过书讯。《浮躁》《白夜》和《土门》等书出版后出现盗版本,时已调到陕西省新闻出版局的我协助有关管理部门追查盗版者,写了不少识别盗版本的文章,供读者辨别真伪时参考。此外,还就他的读书方法,作品的创作、出版和发行采访过他,目的是以正视听,加强正确的舆论导向,为广大读者解疑释惑。既然称之为友,平等自是应有之义。在我为他作嫁的同时,名声日隆的平凹对我这个书友一如既往地帮助、支持。1991年,我与他人合编的《西安旅游大全》出版之际,请他题写书名,他欣然命笔,连写了几条供我选用。我所在的陕西人民美术出版社要出名为"可爱的祖国"的挂历,让我请他题字,他慨然挥毫;我所参与编写并责编的《开拓者的风采》一书请他赐序,他没有推辞;我们筹办《出版纵横》时,请他题辞,他不惜笔墨,写了整整一页,给我们以很大的鼓励。

多年前,我从事出版史志工作,与志书打交道多了,平凹素嗜读志,从志书中汲取了不少创作营养。当他得知《紫阳县志》收有他写的《紫阳城记》,欲收藏一本,向我索要,我只好忍痛割爱,把自己所存的一本送给他。后来,他还从我这儿得到《澄城县志》等志书,显出很喜爱的表情,也许对他的创作有所裨益吧。

我们时常交流书的信息,互通有无,调余补缺。当他得知出版社书店有售他的早期小说集《野火集》时,便托我近水楼台去代购,不料,我去时,已销售一空,他不甘心,获悉我那儿有一本时，便以他已无一本此书为由张口要我那一本，无奈割爱，为此，他送了他新出的一本新书作为谢仪。他还用一本正版《废都》从我处换过一种盗版本，据他说他已收集了几十种此书的盗版本。后来市场上发现假冒其名的《霓裳》，我替他找了几本，他在我所留的一本上，气愤而不无幽默地写道："真正的假书！"并邀我和律师携手打假。历经三载，打赢官司，获得了赔偿，震慑了制假者。为避拙文狐假虎威之嫌，就此止笔。

"本人气质决定，我爱蔫怪。"

王新民问（以下简称问）：对您思想、创作和生活影响深远的商州文化特征是什么？

贾平凹答（以下简称答）：商州处于中原文化和荆楚文化的交汇之处，但以中原文化为主，也与楚文化接缘。商州是雄中有秀，丹凤、商县（已改为商州区）、洛南、山阳等主要县区属关中语系，生活习惯也与关中差不多。商县、丹凤分了合，合了分，都是商洛最好的地方，是中心地带，是通向中原的必经之地。龙驹寨是三次移民（主要是从南方移来的）聚居而形成的，是水陆码头，有开放的基因。武关是关中四关之一。商州出隐士、土匪，前者如商山四皓，属在野派，远离庙堂，很少拉帮结派，对政治热衷不够，未出过大官，文化积淀不如关中，以后形成的文化艺术都受此影响。但商州人理解鉴赏力却强，对联编写得好，商州文化有神秘感，商州虽距关中省会不远，但给人心理感觉却远。商州人主要由陕西人、河南人和湖北人组成，河南的戏、小说生活气息浓，但俗，这与河南人适应性强、生活在社会最底层有关，湖北人精明能干，陕西人凝重保守。总之，商州有一股山林之气，"野"是商州最基本的东西，在野派的神秘性和随意性基因多。

问：您有哪些爱好？

答：爱好石头和石雕，特爱霍去病墓前的石雕，感叹其凝重团块和流畅的线条，后者串联前者，是灵动的表现，在限定的东西内充分发挥想象，在一块石内随物赋形，充满艺术趣味。另外，爱好美术，看古典画论比文论多，美术发展史学得比一般人多，继承中国美学的东西多。美术理论与文学理论是相通的，前者更直接简明。因而与画家关系密切，爱看画展，受人之托为画册作序，或写几幅书法，作作画。爱读杂书，野史比正史读得多，涉猎面广，兴趣广泛，喜广吸收，着力于转化，创造第二自然。此外，对医药、玄学、禅学和气功有自己的一套理解。感觉禅是个修行过程，常以禅的心境作画作文。认为禅渗透在日常生活中，是在生命过程中的一种悟。世上的事是神奇的，冥冥中有一种对应，老从事某种职业，就有了其特性，当然还要有悟性。

问：您对当代作家作品有何评价？

答：各人有各人的特点，只能大概谈谈，这样也自由些。相对而言，西部作家气势大，路遥、张贤亮作品咄咄逼人，他俩气盛，属正面进攻，雄而直率；东部作家放得开，莫言言繁，作品色彩浓烈，大肆铺设，向外扩张；北京作家作品写得华丽、调侃；南方作家作品色彩艳丽。大概而言，北方作家作品符号少，南方作家作品符号多。除地域因素外，还有个人气质，是否原籍，或在本地生活（时间）长短等因素在影响着。

问：您的写作追求是什么？

答：初属婉约后挣脱，转向旷达靠拢，追求朴简、幽默，旷达而不太豪放，像苏东坡，婉约不如李清照，豪放不如辛弃疾，当官的文人写作气象与未做官，或做官而不好好做不一样的，自己只能产生于陕西，产于古都西安，有时怀疑自己是否属遗老遗少，如王维给人的感觉。

问：您感兴趣、读得多的作家有哪些？

答：对古典文学接触多一些，但也不求甚解，爱随意理解。对庄子、老子系统读过。苏轼、韩愈、柳宗元、归有光、袁中郎、蒲松龄等人的作品和笔记小说、野史、志书等闲书读得多些，最系统读的是《聊斋》，写得有味，对自己的味。可以说,对庄子、苏轼和蒲松龄最感兴趣,除研读他们的作品外,也看他们的传记等有关书籍,能体会他们的心境,如《聊斋》对女人的描写,沈从文对水的感觉,自己读时也能感觉到。对苏轼的性格也能感觉到。能体会出其艺术上的率真随意,对杜甫、李白的感觉就不属此类。要有一种心灵感应。现代作家里,对朱自清的作品有所吸收,也有不吸收之处,废名、丰子恺气不大,沈从文气大。郁达夫有名士风度,率真、自由,令人感兴趣。爱孙犁作品的简洁。外国作家里,对川端康成、海明威、马尔克斯、福克纳等人的作品感兴趣,读得多些。

问:请谈谈您的创作规律。

答:某一时期所想酝酿成熟后往往接连写成3至5篇的一组作品,写时不一定面面俱到,而是力求写活写深,写出自己的特色来。文学作品都难免写男人和女人,但不同时代赋予不同的东西,就说写男子汉,蒋子龙写得剽悍,古典文学中刘备、宝玉之类的小白脸也塑造得挺可爱。西方人却欣赏李逵、武松。不同时期的不同风格的作家,其作品中的人物形象也不同。至于自己的散文创作,有一个发展轨迹,即:主观感情渲泄——哲理——风俗——世相——心相。或简言之,从软调子(如《月迹》)而放大恢宏到冷幽默(如《人迹》)。《读山》《红石峡》、南国笔记、河西走廊等游品创造了第二自然，作品中的商州不是行政区划中的商州，而是我心中的商州。小说创作上，前期简练，用减法，但不是真正的减法，中期用加法，画面塞满，显得凝重，后又用减法，但比前期的减法深了一层，少人为的痕迹。粉碎"四人帮"后，别人都写伤痕文学，自己则在《山地笔记》中用诗的语言表现优美的境界，这固与年龄小、单纯、初入社会、刚接触文学有关，或不自觉地受歌颂性文学的影响，但主观上还是想写得优美、艺术些，不愿直奔主题，当然也不是史诗的抒情，而是田园牧歌式的，因此，邹荻帆、丁帆等人认为《山地笔记》在文坛吹过一股清新之风，使人耳目一新。现在回过头来看，《山地笔记》中的作品有些浅。从一开始创作就和他人不协调，往往比别人慢一步，慢一步有时是快一步，"伤痕"文学热后自己才写《二月杏》，改革作品热潮后也才写《腊月·正月》等作品，正因如此，往往高于比自己快一步的作品，其实这也不是故意为之，自己也不属什么集团，谈不到被人捧，即使一度偶与寻根派碰到一块，也不受人瞩目，自己走自己的路，显得独特些，后来反而引人瞩目。

问：大家公认你的文笔、语言独特，主要表现在哪些方面？

答：爱用感觉写，把音响放大多少倍，把耳朵听不见的放大得能听见，如近作《佛关》，又如《风雨》，写风雨而文中不出现一个"风雨"词。另外，语言结构上，不停变换角度，如《敦煌鸣沙记》《南国笔记》即如此，这主要是借鉴了汉画像石的散点透视法，即从小看大，从大看小，或从远看近，从近看远。句式上巧用疑问句，用于文论探讨、心理描写、表达情绪，有时也为结构需要，或调整语气。修辞上，以比喻、拟人、形容还原词的本意，如"路很瘦，纵纵横横纠缠在一起""团结""血流到胳膊上像丘蚓一样钻到袖里""捏着女士的手像捏棉花一样，越捏越小""犁地从外到里像手纹"。此外，将现代民间故事改造过来，化入作品，如《太白》《寡妇》《佛关》等。特别欣赏还词以本意，使已死亡的词汇变活，如"心里长了草，荒了"，这样的发现令人兴奋。另外，化用商州、关中方言。其实有些方言是古时的标准语，很雅，很简洁，如形容人无生气的"暮"，与山里的黄昏情景有关。又因山里多树木，故也用"木"形容人呆板。还有"逛"等词后多加"熊"（方言发 Song音），含有调侃等意。有些方言还属上古语，如"宣净"等，言简意丰。当然，不是所有的地方语都好，我很少使用歇后语，以免俗。特点上，少用顿号、叹号，不用省略号，前者免琐碎、张牙舞爪，后者指什么都说不完，何必省略呢。

问：您多次说过："只要能准确表达情绪的语言，都是好语言。"何以言之？

答：我看别人的作品首先从语言开始，分析过好多人的语言，像孙犁、沈从文、蒲松龄等。特别是分析过《聊斋志异》的语言。我觉得语言不在于有多么丰富的词汇，多么顺溜，多么花哨。我认为，好语言就是能表达此时此刻的情绪。如鲁迅先生的"窗外有两棵树，一棵是枣树，另一棵还是枣树"，就真实、准确地表达了作者当时苦闷的、百无聊赖的情绪。如果不从这个角度考察，就会感到这语言特别啰嗦。

问：那么，怎样才能使语言传达情绪呢？

答：这里边很复杂，既有技巧问题，也与作者本人的气质、个性及爱好有关。我自己的体会，一个就是搭配好虚词，掌握好快慢节奏。中国的方块字就是由人组合哩，话有三说，巧说为妙。所谓巧，就是看你咋排列。汉字的排列、转换过程都靠虚词，看你如何处理。这里又有一个对语言的感觉问题、节奏问题。咋样搭配？前边慢了后边就要快，前边快了后边就要慢，不要用人们常说惯用的词语，陈词滥调使人厌倦。不要老是凭借正常思维，不妨来点反向思维，使自己的语言既怪异有味又入情入理。有时甚至故意语言涩，不顺溜，该降的不降，该升的不升，完全是故意的，有戛然而止的，有余音缭绕的。各种各样。这就看你当时的情绪如何。这里多少有些技巧问题，也取决于自己的艺术感觉和把握。

问：那么，又如何培养对语言的感悟能力呢？

答：要多学习分析古今中外大师们的语言，有意识地训练培养对语言的感觉。要多悟，考察各地的地理环境、山脉走势、曲牌民谣，也能获得艺术感觉，找到写作时语言的节奏感、音乐感，甚至听别人的一句话，思索一番，也可以悟出不少道理来呢。我曾在洛阳偶然看到了一个碑帖，写一个女道士如何漂亮，可很年轻就死了。绝大部分语言都是陈词滥调，但有两个词语给我印象极深，一是写那个女子的标致，说有"独立之姿"，二是哀叹其不幸早亡，说是"华而不实"。尤其是"华而不实"叫人越想越有味，一个没结婚生子的女子，而且还是个道士，年纪轻轻就死了，不是只开花不结果是啥？这是"华而不实"的本义。

问：您作品的语言有一种独特的幽默感。对幽默，您有什么看法？

答：幽默本身不是故意地耍贫嘴，是心灵的、智慧的东西。它是从语言中透发出来的，不是挠着脚板硬逼出来的。语言一定要不经意，不经意其实是大经意之后的不经意，所谓一切的放达、淡泊，都是不放达、不淡泊之后的结果。正像对官场的厌倦是在官场混了之后，没当官的一心想当官，道理是一样的。像钱锺书、林语堂、沈从文、张爱玲这些作家，就能使语言飞起来。如，我老记得张爱玲写的一句话：人生是一件华美的睡袍，里面长满了虱子。似乎不经意，随便一句大白话，但让人感觉特别有趣，回味无穷。所以，所谓幽默，就是人家智慧的体现。幽默的方式多种多样。我喜欢天津马三立那样的冷幽默。本人气质决定，我爱蔫怪。

鉴定出版社的"行家"

　　贾平凹曾在陕西人民出版社当过五年图书编辑，后调到西安市文联又干了三年多的杂志编辑，如今更堂而皇之成为散文刊物——《美文》的主编，可谓与出版结下了不解之缘。即使当专业作家期间，他也难做世外桃源的"坐家"。每年都要出版几种著作的他不仅与大陆多家出版社过往甚密，而且也与港、台地区和日、美等国家的出版商打过交道，因而对出版见多识广，近日笔者陪客与平凹洽谈其著作的出版事宜，交谈之间，他回忆起往日编辑工作的经历，并谈了对当代中外出版业的看法。

　　平凹讲，过去出版社对编辑要求很严格，编辑处理书稿都很认真，编校也十分细心，所以书中很少有错别字。现在有些出版社的书很粗糙，比如他的几本选集。错别字不少，有本散文选集竟把未入选的《留坝县记》的结尾续在了另一篇文章之后，牛头不对马嘴，令人哭笑不得。有的杂志社不打招呼便随意选载文章，有一次收到某杂志社的稿费，才知道这家以登载传奇、武侠内容为主的通俗刊物煞费苦心地将平凹的土匪系列中的一篇大删大砍后选入该刊。有些报刊社，千央百求让提供照片、题词，出报出刊后却迟迟不送样报样刊，有的甚至泥牛入海无消息了。

当然大多数出版社、报刊社还是好的，平凹特别提到了漓江出版社，认为漓江出版社有胆识、有气魄，这与其社长彭匈是作家、是内行有关。他说，1987年正值出版滑坡，发行渠道不畅，散文并不走俏，而是滞销。漓江出版社冒着赔钱的风险，编辑出版了他的四十万字的散文自选集，该书后来获得了全国图书金钥匙奖和全国优秀畅销书奖。现在各出版社的散文集越出越多，都出，反而把专出散文的百花文艺出版社冲淡了。当然百花的散文集还是出得多、有系统、有规模，如《现代散文选集》就编得不错，就是封面设计尚需再新颖些。

扯到装帧设计，平凹讲，这几年书的装帧是越来越讲究了，压膜的书不少，但有些膜压得不好，起泡，反而很难看。说到人民文学出版社出版的他的散文集《守顽地》一书的封面，平凹说那封面上的图案是他提供的，是他让在好友拍摄的一双脚印的基础上设计而成的，像卷发女人头像，封面印得不错，但内文用纸一般。他认为《贾平凹小说精选》精装本设计得好，颜色绿得可爱。说着他从书房拿出《浮躁》英译本，让笔者和在座的搞装帧设计的曹刚看，果然气魄大方，大32开，但比我们的大32开本大，胶化纸精装，带护封，红底上是州河的图案，印刷得也很精美，不愧是美国所出。随后他又拿出日本版的《现代中国作家选集·贾平凹卷》和中国台湾地区出版的《浮躁》。前者封面是作家的剪影特写头像，有木刻效果，环衬纸十分精良，尚未见过，封面也是布纹胶化纸，白柔如缎，内文竖排，显然是借鉴了中国古籍的版式，具有东方书卷艺术情调。后者是皇冠出版社所出，封面、扉页是作家手迹，与作家出版社新近出版的《贾平凹自选集》有异曲同工之妙。

平凹说，港台地区和外国的出版社多是小型的，几个人，志同道合，很精干，老板多是作家、学者和文化人，如琼瑶就是皇冠出版社的女老板，他们办出版社不仅仅为盈利赚钱，而且当事业干，出了不少有价值的好书。其实这些书赚的钱是有限的，有些书还需靠经营别的补贴。若国内将来允许私人办出版社，我看搞文艺的不妨试试，当做事业干一干。看来平凹与出版的缘分还大着哩，且拭目以待吧。

"我自己么，微不足道"

在 20 世纪即将结束，21 世纪即将来临之际，早过不惑，已近知命之年的贾平凹头发日疏，肚腹渐大，沧桑之感时不时袭上心头。自称老汉的他虽已著作等身甚至超身，但仅承认成名，而未以为成功，仍抵头趱行，一部接一部、一篇复一篇地创作着，不知疲倦，不问收获，不觉世纪之交的钟声隐隐传来。在本世纪最后一个春节前夕，窗外已有零散的鞭炮声，笔者忙中偷闲，在为江苏美术出版社的同行谈妥了《老西安》约稿事宜后，难得和平凹在无人打扰的情况下，于他闹中取静的办公室就创作、出版、非法出版诸话题漫谈着。

回顾：我自己么，微不足道

作为贯穿新时期并创作了一系列重要作品的贾平凹，因其作品具有里程碑的作用，而堪称标志性作家，因而他对新时期乃至本世纪中国文学是有发言权的。当笔者问及在本世纪即将结束之际，有无对自己以及中国文学作回顾或总结性的话时，贾平凹说：中国文学虽在世界文坛上还未引起大的关注，但对中国文坛自己来说，是成熟多了。这个世纪，中国有一批优秀作家和优秀作品，它会留下足迹的。我自己么，微不足道。

对于平凹的自谦，外人以为他虚伪或矫饰，其实不然。若是燕雀，当满足些许成就；而志向高远的鸿鹄目视的是天空，是宇宙。不错，四十七岁已创作出版上百种著作，有的被译成英、法、德、日、韩等十几种文字，且获美国飞马文学大奖和法国费米娜文学大奖。在国内的获奖更是多不胜数，被誉为获奖大户。但贾平凹并不看重这些，他将一个个获奖证书塞入箱筐之底，以致人们弄不清他究竟获了多少奖。

刚刚过去的1998年是虎年，属相为龙的贾平凹潜蛰几年后于斯年龙腾虎跃，进入丰收季节。去年春笔者写的《贾平凹新近著作及其反侵权》的报道中提到的《贾平凹文集》《贾平凹书画》《高老庄》以及其他小说、散文、序跋集均于金秋如期出版，并在第九届全国书市上引起轰动，成为热点。尤其是长篇新著《高老庄》印数高达二十万册，居去年长篇小说之冠。《贾平凹书画》《贾平凹禅思美文》等书在书市上销售一空，不久即再版加印。

除上述几种外，去年他还出版了《制造声音》(中短篇小说集)，《敲门》(散文集)，《做个自在人——贾平凹序跋书话集》，《平凹答问——创作例话》(与冯有源合著)，《我是农民——乡下五年回忆》等，共计九种。这种大面积丰收集中在一年对贾平凹而言是空前的，在当代作家里也是罕见的。难怪贾平凹在书市上屡屡被读者包围呢。

当问及虎年的大丰收是人为的有意栽花，还是凑巧的无心插柳时，贾平凹淡然而不无欣然地说道："1998年出版了几本书，社会反响很好，我也感到欣慰。这当然是凑巧在一年出版的。文集筹划了几年，书画集也筹划了几年了，去年在写完《高老庄》后，着手整理了一下。这次书市上我先后应各出版社之邀去了四个半天，读者签名的太多，每次都是要吃饭或展厅要关门了，才从人窝里被保护出来。我越是看到读者这么热烈，我的负担越重，觉得自己完全不值得读者这样，自己以后更得好好写，不敢辜负读者。"

当问及对去年出版的作品的评价时，贾平凹对书的封面设计、装帧、印刷等各方面均感到满意。《高老庄》和《我是农民》出版后社会反响热烈，年前年后已开了几个研讨会，评价还不错。连过去对他的作品持批判否定态度的一些评论家也给予较高的评价。近期的报刊特别是出版读书类报刊连续发了不少采访、评论、介绍文章，是近五年来所少见的。不少报刊在谈及作者及其作品时还提出了"贾平凹现象""贾平凹品牌"，据悉，国内有好几位学者、评论家撰写的关于贾平凹及其作品的研究专著已经出版或即将出版，又听说贾平凹作品评论集已经编定，即将出版，还听说外国汉学专家也在研究贾氏及其作品。当问及贾平凹对此现象有什么看法、面对受到好评的《高老庄》又是何种态度时，他说：有这回事。我觉得我很一般，读读外国一些作品，读读国内一些作品，恨自己的能力还是不行，越发激起自己要创作下一部的欲望。比如《高老庄》，现在回顾起来，有许多地方写得不尽如人意，那就寄希望于以后吧。

展望：我看好下一个世纪

关于今后的打算、目标，作为跨世纪的作家，贾平凹肯定其创作是不会停止的，要做的是尽自己努力，完满自己应做的一切。至于 1999 年，计划有一个小长篇，已构思，但暂时保密，用他的话说就是没蒸熟的馍不敢漏气。据悉，《贾平凹散文全编》(5 卷)将在中国台湾地区的金安出版社出版；《土门》的日文、法文版也将面世。还有开头提及的江苏美术出版社编辑的《老城市》系列丛书中《老西安》，文字部分将由贾平凹执笔撰稿。另有两种独具特色的作品集正在酝酿中。

话题转到近来媒体关于他及其作品的报道多了，有作品研讨会的,有记者采访的,还有他新提出的"行动散文",使人感到1993年以后沉默的他开始说话了。贾平凹不以为然地说:"我并未说什么话呀?原本我不愿发议论,作家靠作品说话,只能写东西。去年因新作出版,开了几个座谈会,其实不是我说话,是别人在说。我主办《美文》杂志,我是在杂志上常写'读稿人语',阐述对于散文的看法。行动散文是'大散文'观念的实施中的一个措施罢了。"

纵观贾平凹二十多年的创作道路,正如其名,既平亦凹,大致也经历了三起三落。对此,贾平凹轻描淡写:我是写作人,我的工作只是写作。他认为:"一个人成长和成熟多有些风风雨雨是好事,过来的我尤其感到是好事。写作是个人的事情,更是社会的事情,职业决定了要听社会各方面的议论,如果不被议论,这个作家就没有意思了。"

忧虑:现在是舆论大,措施不力

1998年既是贾平凹的丰收年,也是"虎害"成灾的一年,他的创作、出版成果纷纷被盗,有遭盗版的《废都》《高老庄》等四种;有西安发现的,有广西、云南、河南读者寄给贾平凹的;有私编的,计有甘肃版的《贾平凹文集》(上、下卷一种,全一册有两种)、新疆版的《贾平凹作品集》。前者是贾平凹长、中、短篇小说和散文的汇编,后者囊括了《浮躁》《白夜》《废都《高老庄》四部长篇。定价都在四十元以上，非法出版者牟取到的暴利不可估量。堪称盗版猛如虎。对于窃取作家劳动成果的"猛虎"，出版管理机关和出版社以及作者曾追查过，但都不了而了。对此，贾平凹建议要立法，要公安部门介入，那样事情就好办了，否则难以顺藤摸瓜。同时，十分愤慨的贾平凹与一些部门取得了联系，让律师收集证据，保留打官司的权利。

（此文与李丁合作）

"爱我的人在前边拉我，恨我的人在后边推我"

近年来我极少参加所谓的作品座谈会或研讨会，自己也屡屡谢绝朋友为我的作品举办座谈会或研讨会的好意，析其原因就是怕走形式，更怕适得其反，不但没有听到哪怕是批评乃至批判的真知灼见，反而被一片赞美声冲昏了头脑，不知天高地厚，从此飘飘然，自以为是、不知进取。

前天偷得半日闲，有幸参加了贾平凹《高兴》研讨会，收获不少，受益匪浅，但还是觉得有些遗憾和不足。首先是时间太短或没有控制好时间，尚有一些评论家没有时间发言；其次基本是按先省外后省内甚或官位大小的顺序发言，加之时间有限，使有真知灼见而无官职的评论家没有轮上发言；第三是真话真说者太少，具体而言，宏观上大而化之者多，微观上具体分析者少，一味肯定赞美者多，实事求是的批评指谬者少，囿于就事论事的论文者多，高屋建瓴为作家校正点拨者少。

对于贾平凹这样的作家,固然也需要实事求是合情合理的称肯,但我以为更需要不为尊者讳的有理有据的指点,以有利于在下一部作品或未来的创作中有更大的突破,就我参加过的几次平凹作品研讨会上平凹的表态看,他本人也一再表明,年轻时盼望多肯定多鼓励,不然就没积极性甚至没信心了,而如今倒想多听听批评和鞭策的话,希望评论家多指出他的不足或应注意的地方,这样对他的创作更有裨益。

早在五年前的五十寿宴上贾平凹就曾说过:爱我的人和支持我的人,是在前边拉我,给我以滋润和鼓劲,恨我的人和反对我的人,是在后边推我,给我以清醒和督促,正是这正反两股力量的作用,成就着我这五十年。在《五十大话》中,贾平凹进一步阐发说:别人说我好话,我感谢人家,必要自问我是不是有他说的那样;遇人轻我,肯定是我无可重处。如此心态才成就了贾平凹及其作品。

我想,只有继续保持上述心态,贾平凹才能取得更大的成就。正如陕西师范大学李震教授指出的那样,包括贾平凹在内的中国作家不仅需要经验写作,更需要超验写作。同样,包括贾平凹在内的中国作家既需要积累生活经验,更需要精神超脱,对自己、对中国文坛乃至世界文坛有一个清醒的认识,意识到差距,寻找新的突破和发展途径。

而评论家们也要有良知和责任感，不要妄自菲薄，一概否定当代中国文学的成绩；也不要自高自大，自以为中国当代文学一枝独秀，抱怨诺贝尔文学奖评委对中国文学抱有偏见甚或视而不见，至今不将诺贝尔文学奖授予中国作家。有使命感的评论家应对中国作家及其作品进行细致而严谨的梳理，予以科学而真实地剖析，作出认真而公正的评判，指出明确而可行的方向，从而促进中华民族文学的可持续发展和繁荣。

2007.11.30

"发掘最动人的情趣"

——与王一燕博士商榷

  应邀在西安建筑科技大学听澳大利亚悉尼大学中国研究系教授王一燕博士作《中国现当代小说中的故乡与本土意识》的演讲,颇受启发,尤其是关于贾平凹作品中的故乡与本土意识的阐述给人新的思考。

  近日又读到王一燕博士《说家园乡情,谈国族身份:试论贾平凹乡土小说》,更是如醍醐灌顶,对贾平凹作品中的故乡、本土意识有了深刻的认识,正如王一燕博士所说,解读贾平凹作品的关键是理解贾平凹的身份归属,这不仅是因为他出身农民,文如其人,作品里有高山流水也有乡土风韵,关键是他本人一再声称以陕西为叙述背景的乡土小说意在重申国族身份,他的写作是要"写关于人本身的事,写当代中国人的一种精神状态,力求传递本民族以及东方的味道"。

  那么,贾平凹所称的"民族味道"是什么呢? 早在 20 世纪80年代初期作家们便开始在文学和地域文化中寻找中华民族的文化特色。在曾经轰动文坛的"寻根文学"中,贾平凹成就卓著,《商州三录》是其代表作。尽管贾平凹并不欣赏"寻根文学"的提法,但他却一直在寻民族文化之根。

众所周知,文学是语言的艺术,贾平凹在寻找中去粗取精,不仅继承了古典文学书面语言的优秀成分,而且在民间口头语,即方言中披沙拣金,在作品中化用方言,比如"避"(滚开)、"寡"(乏味)、"携"(怀抱)、"欢实"(活泼健康)、"泼烦"(心烦意乱)、"受活"(极度舒服),这些流落民间的上古语言,言简意赅,传情达意效果十分精准。

王一燕博士在《说家园乡情,谈国族身份:试论贾平凹乡土小说》一文末写道:一百多年来,……从来就没有停止过讨论中国文学形式与中国的现代化、中国传统及西方影响之间的关系。对现代化的反映之一便是怀旧,且往往表现在对传统形式的重新启用。正是从这个意义上讲,贾平凹的文学怀旧是对文学现代化发展的一种反动。

对此我不能完全苟同,请看贾平凹《商州:说不尽的故事》序言中所说:说得很久了的那句"越是地域性,越有民族性;越是民族性,越有世界性"的话,我总觉得疑惑。……如果我们不努力去沟通,融会人类文明新的东西,不追求一种新的思维新的艺术境,我们是无法与世界对话的。

贾平凹具体指出：在所谓的乡土文学这一领域里，我们最容易犯墨守成规的错误，或者袭用过时的结构框式、叙述角度和语言节奏，或者就事论事，写农民就是给农民看，做一种政策的图解和宣传。我们的民族的传统文化无疑是宏大的，而传统文化也需要发展和超越……

他在《四十岁说》中坦言：我们应该自觉地认识东方的整体感应和西方的实验分析，不是归一和混淆，而是努力独立和丰富，通过我们穿过云层，到达最高的人类相同的境界中去。"越是民族越是世界"的言论，关键在这个"民族的"是不是通往人类最后相通的境界去。

正如贾平凹说的是陕西丹凤话，但他的思想却已十分现代化一样，在他的作品里，有土的一面，即语言用语等形式外表上（也多是农村题材作品中人物的对话语言），但充盈贯穿作品中的却是现代意识，他欣赏的一段话是：艺术家最高的

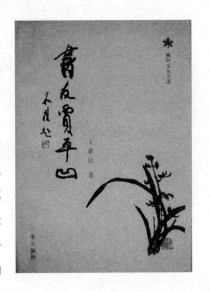

目标在于表现他对人间宇宙的感应，发掘最动人的情趣，在存在之上建构他的意象世界。应该说贾平凹建构的意象世界是现代化的，而非反文学现代化的。貌似大土，实为大雅。

2007.10.24

散文为什么不能虚构？

——读张守仁《从郑屯流出的小溪——读〈手语〉》

　　二十多年前，我在陕西人民美术出版社做编辑时，策划并编辑过一套旅游文学丛书，先后出版了贾平凹的《平凹游记选》、和谷的《和谷游记选》、师银笙的《山原的秋魂》等游记作品集。《平凹游记选》是该丛书的第一本。万事开头难，实非虚言。

　　在编辑《平凹游记选》时，为平凹的游记作品中的虚构与编辑室主任意见不一，引起了争论，编辑室主任是一位颇有名气的诗人，其诗激情澎湃，想象丰富，却对散文的虚构大加鞭挞，我记得他说贾平凹的散文《五味子巷》写得就不像五味子巷，我说也许不形似，但神似，写出了古城小巷的味道。那时年轻无畏，竟顶住了顶头上司的压力，坚持将《平凹游记选》推出，成为贾平凹的第一本游记选集，受到读者的欢迎。

　　从此以后，关于散文能否虚构的争论断断续续，直到今天，似乎剪不断理还乱。近日在《中国散文评论》读到张守仁先生的《从郑屯流出的小溪——读〈手语〉》以及给张振金先生的信，如遇知音，暗暗叫好。张守仁先生在信中说："我近年到各地讲学，常遇"散文能不能虚构"的提问，故在给年轻散文家沙爽的散文集《手语》序中表达了自己的观点。"张守仁先生分析了沙爽的为人为文后认为沙爽的散文有丰富的想象力，这是可贵的写作品质。"……猜想使思绪反复，羽毛丰满，随意飞翔。"

张守仁先生说：散文是一种侧重于表达内心体验和抒发个人情感的文学样式。它主要以内心深处迸发出来的真情实感打动读者。这是一种含情量很高的文体。散文要有"我"。散文就是写"我"，写"我"的情感、体验、见识、发现以及梦想。"我"是散文的核心，没有"我"，作品就没有血肉、没有灵魂。即使写猜想、想象、联想、变形甚至梦幻，其中都有一个独特的、真实的"我"在。

回到贾平凹的散文，我以为也应作如此观。《金蔷薇》的作者康·巴乌斯托夫斯基曾说道：没有想象便没有真正的散文，也没有诗歌。贾平凹不仅写散文，也写诗和小说，所以散文难免受到小说的影响，但要说他的散文是纯粹的子虚乌有是不符合事实的。也许有些场景或物件是虚构的，但情景和思绪却是真实的。就像《五味子巷》这样的散文，被人认为是大虚,实则大实,即真实地再现了古城小街道的风土人情,真实地展现了曾居住于斯的作者对小街道的素朴风情的热爱和赞美。

　　还有入选中学课本的《丑石》,事实上,贾平凹的老家并没有什么陨石,是有一块锥形的石头,已经破裂为二了。贾平凹笔下的石头只是个引子或由头,名为写石头的命运,实则写人的遭遇,即人为实写,石则虚写;写人为实,写石为虚。其实文章的效果也是这样,读了这篇文章,读者恐怕也很难具体描绘出丑石的模样,却会由丑石的遭遇联想到人的被误解、冷落的命运,被激发出不屈于命运的抗争和奋斗精神。

2007.10.25

散文为什么不能虚构?

遭遇盗版之痛

　　傍晚提着自家包的素饺去看望父母，路过药王洞一个书摊，发现了《高兴》的盗版本，扉页和内文及其纸张与正版书有明显的不同，虽然明码标价与正版相同，也是 29 元，但以 10 元出售，还可压价到 8 元，这些都说明是盗版本。

　　同时还发现两种假冒贾平凹的图书，分别叫《废情》《废欲》，与前年和去年市场上的《废城》《腐欲》《腐都》等假冒贾平凹的图书何其相似乃尔。

　　我欲购以上三种盗版书和假冒书作为研究之用，便与摊主讲价，摊主开始嘴硬，每本 10 元再不让价，我说我是搞出版的，说实话，你这是假书，摊主才松口，三本以 28 元出售，我说 25 元算啦，你这假书成本每本就是三五元，女摊主说，25 元不行，往年差不多，今年纸张涨价了，我总不能做赔本买卖吧。

我一看不行,鉴于其对于研读贾平凹及其作品有参考价值,就掏钱要买,但摊主却把我给的 50 元看了又看,怀疑是假币,我说发工资的钱,没问题,但摊主疑心已起,说找不开,终未成交。不仅令人慨叹:假作真时真亦假。

屈指数来,贾平凹迄今已出版上百种版本的著作,我曾经经手策划编选过近十种他的作品集,今年又编他的文集,知道他对著作的出版是很认真的,对编辑校对质量要求也是很高的。比如在编选文集时,除亲自对我说要求出版社和发行商精益求精,还授权我对出版质量等环节进行监督,编选过程中,让鲁风提供其新作手稿原件以供参照,并提醒我编校时一丝不苟,切不可出错。

从早期的《爱的踪迹》《贾平凹小说精选》到近年来的《秦腔》等著作,不仅荣获文学界的各种奖项,还荣获出版界的金钥匙奖、中国图书奖、中华图书奖等奖项,贾平凹成了当代中国作家里的获奖大户。这不仅是对贾平凹文学成就的奖励,也是对贾平凹著作质量的充分肯定和褒奖。

随着贾平凹名气越来越大和作品越来越畅销,盗版图书和假冒图书也越来越多,十多年来,几乎每年都有几种《废都》盗版本。据不完全统计,至今已有七八十种《废都》盗版本,还有仿冒《废都》的图书数十种,上述的《废情》《废欲》《废城》《腐欲》《腐都》等就是佐证。《废都》之后的近十种贾平凹长篇小说，每种都有数种盗版书，也有数种贾平凹散文集的盗版书。

　　喜矣！贾平凹著作和字画，令无数读者如痴如醉，视若珍宝；悲哉！假平凹著作和字画，使贾平凹痛心疾首，独叹奈何。呜呼！假烟假酒假平凹的现象何时能得以遏制？出版物市场和书画市场何时能净化呢？众人期盼。

2007.10.20

"我正在为我的权益而工作着"

在 2014 年中国版权年会年度评选获奖名单"中国版权事业卓越成就者"一栏中，贾平凹赫然在列。获奖理由：他是我国当代文坛屈指可数的文学奇才，被誉为"鬼才"。他每一部作品的问世都会引起极大的关注，《废都》《古炉》《带灯》与他的名字一起被永久写入了中国文学史，他也成为当代中国能够进入世界文学史册的为数不多的著名文学家之一。

获奖理由主要介绍了贾平凹的文学成就，而涉及版权的字眼几乎没有，但这并不等于贾平凹的作品在版权方面平安无事。

1994 年市场上畅销一时的《霓裳》主要侵犯了贾平凹的姓名权，贾平凹首次打官司并获胜，贾平凹由此案开始祭起捍卫版权的旗帜，开始了维权的漫漫征程。

无独有偶，几乎与《霓裳》同步，1994 年 6 月后，西安、西

宁、长沙、郑州、武汉等许多城市的大小书店、书摊和报刊亭相继出现了一本《鬼城》，并配有大幅广告，广告语极尽夸张与诱惑性：

　　继《废都》之后贾平凹又一力作。《鬼城》原名《故里》，是贾平凹得意的力作，曾获出版社"十月文学奖"。小说以作者故乡为背景，有一定的自传体成分。如主人公之一美人儿赵怡进城当了演员，嫁了一个青年作家；汉江水手吴七领作家鬼城寻幽探秘等。小说中许多人和事后来均在《废都》中出现，其中关于山民野蛮蒙昧的性描写，如一丝不挂吊在松下的女人;洼地蒿草丛中男女野合;傻子鸡保大白天缠着赵玫要"崔儿进窝"等,开了《废都》性描写的先河。①

贾平凹闻知《鬼城》出现,愕然之后是愤然。本想通过律师诉诸公堂,弄清缘由,澄清是非,但念及与该书原出版者××出版社曾有过友好合作,故和律师商谈后,于7月18日先修书一封给该社总编,郑重声明如下:

① 我从未交付过和签约过合同出版名叫《鬼城》的著作。

② 如果此书是以前《故里》再版,那么,自从有了著作权法后,再版任何书,出版社必须与作者补签合同或重签合同,而贵社从未有过此种行为。据我知,《故里》曾在出版较长时间后再版过一次,没有通知我,没有样书,没有再版费,我知道后念及当年与贵社曾有友好之情,便未追究。而现在,竟背着我又印,且私自改动书名。又全国各地印有广告宣传单,上边写着"自《废都》之后贾平凹又一力作",这种行为严重侵犯我的著作权,又严重损害我的声誉。

③ 对于这一事件,我与我的律师(西安天平律师事务所

---

① 文字依原海报照录。——作者

白保群、卫全恩先生）交换了意见，我保留诉诸法律的权利，但念及我们曾合作过，我先向你们提出，请你们提出解决事情的方法。我平生最怕麻烦，一贯息事宁人，但若事情做得太过分，太欺人，我则是难以忍耐的。《霓裳》的事件、《帝京》的事件，大概你们也知道一些。

我等待回音！

贾平凹在书信中很少使用感叹号，也很少如此大动肝火，看看不堪入目的广告词，再比较一下《鬼城》和《故里》的不同处，就不难理解贾平凹的心情了。

也许是贾平凹的强硬措词起了作用，也许是全国人大常委会关于惩治侵犯著作权犯罪的决定的威慑力，8 月 17 日，××出版社社长和《故里》一书的责任编辑冒着酷暑专程来西安拜访贾平凹，问候、寒暄、致歉之后，二人向贾平凹介绍了《鬼城》出笼的过程：1994 年初，该社发行部某人向社领导说，湖南某书商想租型印《故里》。经社委会研究，同意租型，商定按 1 万册印，收了书商 5000 元租型费。没料到，某书商趁《废都》的余热，为了迎合市场，牟取暴利，竟擅自将《故里》的书名、封面、扉页、内容提要、作者简介肆意改动。更出人意料、令人吃惊的是，某书商竟炮制出那样语言粗俗、自相矛盾、夸大其辞、肆意渲染、不堪入目的广告内容，使出版社声誉和形象受到影响,也使贾先生的名誉蒙受损失。同时也侵犯了贾先生的著作权,虽然出版社也是受骗上当者,但同时也难辞其咎,因此这次来西安负荆请罪,特向贾先生致歉,并商谈解决的办法。

经过两次协商,××出版社和贾平凹达成了如下处理意见:

一、出版社主动承担责任,向贾先生赔礼道歉。

二、出版社保证督促租型一方必须尽快在《新闻出版报》上发表声明一则,就此事在社会上造成的不良影响予以澄清,公开向作者和出版社道歉。

三、补偿作者稿酬壹万元。

四、双方合作,进一步查证此书的印数,得到超过壹万册的确凿证据后,对书商进行罚款。待此项落实后,根据罚款数,再对作者进行补偿。

由以上内容不难看出,贾平凹对××出版社是相当宽容了,展现了大家风范。据贾平凹讲,当出版社的领导和责编一再向他致歉,并诉说出版社的艰难后,他的心软了,基本上是按对方提出的处理办法办的。至于协议中提及的登报声明,消除影响,向作者致歉,却一直未兑现。关于继续查证,进行罚款，再对作者予以补偿等协议内容也形同空文，没有下文。这种缺乏监督执行的和解令人失望，只有有关管理部门协助和支持，局面才可能出现转机。

《鬼城》的出现，也引起了陕西省新闻出版局和版权局的关注，相关人员通过对《鬼城》的封面、扉页、内容提要、作者简介的变化进行分析，怀疑《鬼城》有鬼，而且从版权页上看出《鬼城》远非一般的租型书。按有关规定，租型书应该记载原出版者及重印者名称，但《鬼城》的版权页上仅有原出版者的名称，而无重印者，即租型者的名称，为什么隐而不印呢？其中必有名堂。经笔者联系，7月28日，陕西省版权局齐相潼处长、王泽泗副处长和笔者等人应约到贾平凹的寓所商谈《鬼城》侵权案代理等事宜。互致问候后，贾平凹介绍了有关《鬼城》及《故里》的情况。齐相潼认为，××出版社和租型的书商未得贾平凹同意，擅自改变书名、封面、扉页和内容提要，并印发彩色广告肆意渲染，侵犯了贾平凹的著作权和名誉权，应予追究，陕西版权代理公司愿代理此案。

贾平凹遂即提笔写了委托书："兹委托陕西版权代理公司作为我的代理人，全权处理《鬼城》侵权问题。贾平凹。"

齐相潼接过委托书，高兴而充满自信地说："我们一定请陕西版权代理公司认真负责地代理你的著作权利，维护你的权益。"贾平凹也笑着说："那以后请你们做长期代理人。"

陕西省版权局经研究,决定先派人对《鬼城》一书进行调查,办案人购买了《鬼城》,找来了《故里》,进行了对比分析,先后邮发《关于〈鬼城〉〈〈故里〉〉作品著作权问题的调查函》给湖南省版权局、河南省版权局和河南××出版社,其中在给出版社的函中写道:"今年7月底,《故里》一书作者贾平凹通过陕西版权代理公司到我局投诉称,你社在未取得作者本人授权许可的情况下,将其作品《故里》改名为《鬼城》予以出版发行,严重侵犯了作者的著作权。为此提请查处。经审查,并根据有关法律规定,我局已正式受理此案。现要求你社及时给我局提供《鬼城》的出版情况、印制数量、销售数量和发行折扣等……"

与此同时,办案人深入书刊市场进行调查,在调查中获悉:《鬼城》一书由长沙某杂志社编辑部发行。至于《鬼城》的实际印数是多少,除在长沙铁道学院印刷厂印刷,是否还在其它厂印制,等等,尚待进一步调查,需做大量艰苦细致的工作。

据悉,调查中遇到了不少困难,湘、豫两省版权局的回函均未提供什么线索,出版社也无回音。因此办案人认为应速赴湘、豫调查。虽然困难重重,但办案人员还是表示,将从西安书刊市场入手,设法查清《鬼城》的实际印数,以此为突破口,探其隐秘。可以说:实际印数证据掌握之日,即是《鬼城》

之"鬼"原形毕露之时。

后来因为办案部门领导调动，此案不了而了。

十年后还出现了新仿冒版《鬼城》，并冠以"2003年经典文学"的幌子。对此，笔者在新仿冒版《鬼城》的扉页上写道：该书系假冒伪劣之作，从书的内容看是河南××出版社出版的贾平凹《故里》的翻版，但书名、包装、出版社名称均更换了。

进入新世纪后，侵犯贾平凹版权的现象依然存在，贾平凹不得不继续维权。

20世纪90年代日趋猖獗的侵权出版活动，到了新世纪，已呈泛滥之势，且出现新的特征和趋势。近年笔者路过一些书摊，发现不少侵权、盗版出版物。不少书摊销售的图书多为盗版书，名作家的作品占了半壁江山。这些书摊几乎每家都有几种贾氏作品的盗版本、私编本和假冒本。

在西安乃至全国各地书市，笔者发现，几乎每个小书店、书摊乃至流动书贩所兜售的黑版书中都有"假"平凹作品。据不完全统计，有《废都》《白夜》《土门》《高老庄》《怀念狼》《秦腔》《高兴》《古炉》《带灯》《老生》盗版本多种，还有私编滥印的《贾平凹作品集》（两种）、《贾平凹文集》（上、下卷本和全一册两种版本）、《贾平凹短篇小说全集》、《贾平凹中篇小说全集》、《贾平凹世纪经典》等。陈忠实等作家被私编、盗版的也不少,既有《白鹿原》等长篇小说的多种盗版本,也有私编的陈忠实等作家的中短篇小说集,以致有联戏曰:陈谷陈糠陈忠实,假烟假酒假平凹。要问中国盗版书有多少,恐怕这是谁也说不清楚的。盗版书版权页上的印数根本就不真实,比如《贾平凹作品集》版权页上的印数为5万册,其实该书遍布大小书摊、书店,充斥书市的事实说明其真实印数远远不止这些。不仅印数无从统计,盗版书的花样也日益翻新,层出不穷。

总之,就是以最少投入赚取最多的收益,或者说以最低的成本牟取最大的利益。当然,有的侵权盗版者为了蒙骗读者,达到非法牟利的目的,也在盗版时有所收敛,质量有所提高,模仿得维妙维肖,几达乱真的地步,但只要细致观察,还是能发现破绽的。比如有一种《高老庄》盗版书,用纸、印刷质量都和正版差不多,但亦有相异之处:其一,正版的前环衬纸为特制的,上压有图形暗花"太白"阳文字样和条形阴制凹形"太白文艺"四字,而盗版本没有。其二,正版封面色正调匀,字体清晰,背景天蓝云白,而盗版本色调偏红,字周有红晕,背景像被污染的天空。其三,正版切口平齐,盗版不平齐。其四,正版后记日期为楷体,盗版的为宋体。

当笔者向作家出版社通报在西安发现的《怀念狼》盗版本的情况时,该社说他们没有办法。得知新著被盗版的消息时，贾平凹也显得很无奈："近几年，我每一本书都被盗版。仅《怀念狼》就发现了三个版本的盗版书。对此，我毫无办法。只能期望有关部门加大打击力度，让盗版书无处藏身。"同时，贾平凹奉劝读者朋友："不要贪小便宜吃大亏——盗版书印制粗糙，没有任何收藏价值。"笔者建议贾平凹拿起法律武器来维护自己的合法权益，贾平凹长叹一声说："没有用的，已经好多年了，一直这样，我能怎么样!"假"狼"正在黑色"白鹿原"上纵横驰骋，而真"狼"则在荒芜的"白鹿原"上仰天哀号："谁来保护我?"

无独有偶，贾平凹的书画也遭遇了与图书相同的命运，市场上究竟有多少贾平凹的假字画，谁也说不清，后来竟有所谓的朋友专门经营贾平凹的假字画。在《活人真是难事》一文中，贾平凹写道："有一位熟人，我们曾经很友好，他甚至把我的照片放大挂在他的房子里。当社会到处有我的盗版书、假字假画，我也就信任了他，托他办理书画用的纸张、笔墨和书画袋。但我没有想到他也做假。他做假字画容易骗人，也最伤我心，我现在只好不用专用纸了，也换了专用袋，在字画上按起指印了。"

为了防伪或纪念，贾平凹往往还和求字画者捧着刚完成的墨宝合影留念，以此证明真身，立此存照。

2001 年 3 月 15 日，适逢贾平凹四十九岁生日和打假日

（又称维权日），笔者和友人如约来到平凹的工作室——大堂，我们送贾平凹一束鲜花、一套《365夜故事》和一点小礼品权作生日贺礼。贾平凹虽有些感冒，但精神很好，边翻着书边说：这书好，娃爱看书。

笔者说：今天是你的生日，也是打假日，有何感想？贾平凹笑了：真是打着贾了！我这个姓不好，是贾不是假，却一直被假东西困扰着。看着大堂里装满贾氏盗版书的假书专柜，我们相信贾平凹所言不假。

贾平凹的著作和书画养活了不少人。平凹说：我使相当多的人成了几十万元户。曾经有个人开着小车，领着他的女秘书来感谢我，我莫名其妙，他才说他现在是一家公司的经理，八年前盗过我的书积累了资产后，才洗手不干另从事了别的生意。我哭笑不得，我还能对他说什么呢？现在我的书仍不断地被盗版，字画赝品也很多。

在座的摄影师木南接着话茬说：有一次我听到风声，听说书院门几个书画店里有老贾的假书画，便约老贾驱车赶去，一看果然，气得老贾二话不说，管他君子动口不动手，伸手将假平凹的书画从墙上撕扯了下来。

笔者吃惊地望着贾平凹，不大相信一贯温文尔雅的作家会有如此举动，贾平凹叹了口气说：听说我们刚刚走，一批假书画又挂上了。

笔者说：真是野火烧不尽啊！

贾平凹无奈地苦笑道：我养活了不少书商和书画商。可气的是，有的出版社和印刷厂竟也与书商狼狈为奸，我的著作被私自转给书商印刷发行。有的出版社和印刷厂串通一气，私自将我的《贾平凹书画》等书一印再印，版权页却永是第一版第一次印刷，以此回避付酬。

临别时，笔者建议贾平凹和我们一道去书市和书画店打假，平凹因有事而作罢。当然仅靠一个打假日也是难以根治的，只有长期努力，才能永别"假烟假酒假平凹"。

2012年，又是一个"3·15"维权日，贾平凹、刘心武、阎连科、麦家、石康、熊召政、韩寒、郭敬明、蒋方舟、安意如、南派三叔、慕容雪村、王卯卯、沈浩波、路金波、黎波、张小波等50人联名发表《"3·15"中国作家讨百度书》（以下简称《讨伐书》），对百度网站在不经授权的情况下，向公众随意免费提供作品下载服务，对中国原创文学造成伤害一事进行"讨伐"。

贾平凹向媒体透露："他们不付费，从来连招呼也不打，这种做法太不尊重作家的劳动了。所以，这次有几个作家朋友让我参与这次联名'讨伐'百度文库的行动，我非常乐意。""尊重作家的劳动，这应该是社会公德嘛。现在百度删文了，这也算有些成效了。具体以后要怎么办，我们是有代表的，他们会处理。"

《讨伐书》由作家慕容雪村执笔，全文近 3000 字，有理有据，文笔犀利。

《讨伐书》中写道，百度文库收录了上述作家的几乎全部作品，并对用户免费开放，任何人都可以下载阅读，但它却没有取得任何人的授权。慕容雪村表示，希望《讨伐书》的发布能为更多作者争取利益，获得公平和正义。

贾平凹、沈浩波认为，事实上，所有具备市场价值的中文文学作品，都包括在百度的 279 份免费文档中了。

包括贾平凹在内的作家们指出：百度是重要的互联网出版平台，应该遵循"先授权，后使用"原则，基于此，作家们提出四点基本要求：1. 百度文库应公开道歉、赔偿损失；2. 百度文库必须立即停止侵权；3. "爱国者百看电子书"严重侵害了著作权人的合法权益，百度文库必须立即停止向"爱国者百看电子书"提供内容；4. 百度文库在今后的经营中应切实保障著作权人的合法权益，建立经谈判双方认可的"先审核，后发布"的运营模式。

3 月 24 日，出版界人士、作家代表与百度进行维权谈判，作家代表提出的上述四点基本要求被百度驳回。

3 月 30 日，在清除了一些非授权的文学作品后，百度宣布上线版权合作平台。这一平台将采取向版权方提供销售分成、广告分成等多种合作模式。清明节前夕,双方又进行谈判,仍无结果。

作家维权,是否能够成功? 从以往的情况看,似乎不容乐观。据悉,2010 年 11 月,就有 22 位网络作家针对百度联合发表声明维权,但百度的回复仅仅是"暂不回应",结果泥牛入海无消息。以前一些音乐家也曾状告百度侵权,指百度无偿使用他们创作的作品,要求赔偿,但因势单力薄,最终不了了之。

百度方面或许声称自己利用网络平台发布这些作品,并没有获得直接的经济利益,因为他们是免费提供给读者阅读的。这种说法看似有理,实际上是站不住脚的。网络媒体也许没有通过让读者付费阅读的方式来获得直接的经济效益,但是却依靠这些作品吸引了读者,聚拢了人气,而人气就是网络媒体获得利益的最大基础。

而这次老中青作家们大联合控告百度,结果将会怎样呢?

从后续媒体报道看,百度已向作家们致歉,并从百度网站上撤下了部分作家的作品。

令人欣慰的是,中国作协党组成员、书记处书记杨承志代表中国作协表示:坚决支持作家依法维护自己的权益,呼吁执法行政部门、司法部门公正执法,依法打击一切侵权盗版行为。

据悉，国家版权局表示，如果百度与作家们不能达成共识、解决争议，将按照或参照有关版权法规予以执法。

9月17日，法院判决，百度赔偿作家经济损失；而对于作家联盟提出的"关闭百度文库"和"赔礼道歉"的主张，法院认为并无法律依据，因此不予支持。

从一定意义上讲，贾平凹、韩寒等作家起诉百度，输赢并不重要，重要的是在网络信息时代，作家们拥有了自己的版权保护意识，并且能够付诸行动。作家，不应该是沉默的羔羊，无论是面对纸质盗版，还是网络上的"自由"传播，都应该勇于拿起法律的武器保护自己的合法权益。

从一碗羊肉泡到三千元

报刊发表——从一碗羊肉泡到三千元

早在 20 世纪 70 年代初上大学时,贾平凹就开始写作并发表豆腐块大小的作品,那时稿费制度尚未恢复,故几乎没有稿费。比如 1973 年发表于《工农兵文艺》上的《一双袜子》(最早发表的作品,系与冯有源合写)就没有稿费。后来到 70 年代后期,虽然恢复了稿酬制度,但千字也不足 10 元,加之平凹早期写作多为短篇小说或散文,故稿费极为有限,为了犒劳和激励自己,平凹领取稿酬后常到羊肉泡馍馆美餐一顿,花费不过一元钱而已。80 年代,随着稿费标准和平凹知名度的提高,其稿费一般取上限甚至略高于标准。到了 90 年代,平凹的知名度继三毛来信和《废都》出版后如日中天,一般散文千字百元,广州的《家庭》杂志 1994 年为平凹开了个专栏，一篇千把字的随笔 3000 元，创了单篇随笔稿酬之最，也破了专栏文章付酬的纪录。

此外，平凹有时应邀为报刊题辞，也有润笔。至于在报刊上发的平凹书画的照片，其稿酬也是不菲的，并随其名气和水平水涨船高。

图书出版——从基本稿酬至版税

自 20 世纪 70 年代后期至今，贾平凹出版了一百多部作品，稿费如芝麻开花——节节高，这是他的主要经济支柱。下面就我十几年来责编、策划、编选的平凹作品集及近年来平凹出版的长篇小说的有关稿酬情况透露一二。

1985 年《平凹游记选》因征订受阻，不够开印数——5000 册，拖至次年出版，按稿酬标准支付了部分稿酬，给了作者一些书抵充稿酬。三毛来信发表后，该书存货一销而空。1991 年出版的《贾平凹游品精选》按当时稿酬标准的上限支付。后来，因此书再版，又支付一些印数稿酬。

1994 年出版的《坐佛》因印数大，稿费高于当时的稿费标准，后来因加印，又支付了一笔稿费，介于基本稿酬和版税之间。

1998 年出版的《做个自在人——贾平凹序跋书话集》按版税 8％支付。同年出版的《贾平凹书画》按基本稿酬支付，但出版后给了较多样书。同年出版的《高老庄》按10％版税支付。

1999年出版的《老西安》按8％支付版税。

2000年出版的《怀念狼》按12％支付版税。

字画出售——《润格告示》明码标价

20世纪80年代以前,贾平凹的书画尽管已有名气,但基本是无偿馈赠亲朋文友。进入90年代后,平凹名气日隆,求字者也应接不暇,正如他自己所道:"我自字画被人看上眼后,先自为得意,不料从此苦恼日增,每日敲门者不断,皆是言要解决调动、升级、农转非或等等原因做礼品送人。"骚扰太甚,遂联想到郑板桥、冒辟疆等古代文人曾卖字售画,何不效仿,遂借鉴郑燮的润格格式书写《润格告示》,起初羞羞答答贴于门后,后张贴于客厅墙上,其内容如下:

自古字画卖钱,我当然开价,去年每幅字仟元,每张画仟伍,今年人老笔亦老,米价涨字画价也涨。

一、字,斗方仟元,对联仟贰,中堂仟伍。

二、匾额一字伍佰。

三、画,斗方仟伍,条幅仟伍,中堂贰仟。

官也罢,民也罢,男也罢,女也罢,认钱不认官,看人不看性，一手交钱一手拿货，对谁都好，对你会更好。你舍不得钱，我舍不得墨，对谁也好，对我尤甚好。生人熟人来了都是客，成交不成交请喝茶。

告示一出，果然阻挡了许多人，而且也有一笔收入，一举两得，何乐而不为。

如今，平凹字画也随名气和物价像股市慢牛一样上涨，据2000年8月6日网上消息，平凹在给某葫芦头泡馍馆题馆名时五个字按八五折收两千五百元，显然已超过了润格告示中"匾额一字伍佰"的价格，实际上书画市场上的平凹字画也在行情看涨。据悉，西安朱雀门内已开张了一家贾平凹书画屋，专营贾平凹书画。

笔者以为，正像大雁塔的门票价格渐涨不仅是为了增加收入，也是为了相对地减少登塔人数，以保护已稍倾斜的塔身，平凹为了保障文学创作，字画适当涨价亦当如此观。实际上书画市场上平凹字画也在行情看涨，有价有市。从本世纪初每幅三千元到2018年的十万元，十五年间涨了二十余倍。画价高于字价，每幅起步价为十五万元。

贾平凹——身价倍增的三个字

一度畅销于市的《霓裳》隐去苏童、格非等真正的作者，却将一字未著的贾平凹的大名署上,既损害了其他作家的利益,也侵犯了贾平凹的姓名权,贾平凹遂向西安市莲湖区人民法院起诉中国戏剧出版社、一二一〇印刷厂等侵权方,要求公开道歉,赔偿损失四十八万元,后由西安市中级人民法院终审判决侵权人赔偿贾平凹二十四万元,并承担诉讼费。前几年,中原农民出版社出版的贾平凹小说集被私自改名为《鬼城》再版,后经平凹律师交涉,出版社赔偿平凹一万元,并登门道歉。用贾平凹姓名、原名及作品名做店名也屡见不鲜,前几年,苏州市第一百货商店专设"贾平凹书屋",西安北院门建有平娃烤肉店。"废都歌舞厅""白夜饭店""土门饭店""高老庄食屋"等以平凹作品名、篇名和作品中的地名做招牌的店家,遍布古城。

　　有关贾平凹的传记、访谈、研究专著的销路也不错,费秉勋的《贾平凹论》已修订再版,并获第三届当代文学研究奖;孙见喜的《贾平凹之谜》也一版再版,其《鬼才贾平凹》《贾平凹的道路》和笔者的《贾平凹打官司》《多色贾平凹》(编著)等书的印数均在上万册,既受欢迎又获广泛好评。此外,平凹的签名图书也很受追捧。据悉,有平凹签名的著作要比原定价翻一番,甚至几番,定价十余元的《废都》的签名本曾卖到百元以上。也曾有报道,香港一读者竟用价值上万元的高级相机交换一本有平凹签名的《废都》,由此不难窥估贾平凹及其作品的身价。贾平凹及其作品之所以商机无限,不仅在于客观或宏观上得势于市场经济、商品经济大潮的推波助澜,而且有以下因素。

其一,名牌效应。积几十年艰苦卓绝的奋斗,贾平凹的小说、散文、诗歌多次荣获国内外大奖,其中《浮躁》《废都》分获美国飞马文学奖和法国费米娜文学奖,享誉海外。不少作品成为新时期中国文学的标志性作品,数十种作品被译成英、法、日、韩等外文版行销世界。《鸡窝洼人家》《腊月·正月》等作品被改编成影视剧并获大奖,《丑石》《我的老师》等作品被选入大中小学课本。总之,贾平凹的作品已成为名牌且产生名牌效应。

其二,名人效应。贾平凹曾为全国青联委员、全国政协委员,现为全国人大代表、陕西省政协委员、陕西省人大代表、中国作协副主席、陕西省作协主席、西安市文联主席、《美文》《延河》主编,诸多有影响杂志的顾问或编委,集多种荣誉于一身,集名人、公众人物和新闻人物于一体。近年其行踪尤引媒体关注。《怀念狼》《秦腔》《山本》等出版后贾平凹被多家报刊、电视台采访报道即是证明。

其三,作品畅销。自 20 世 90 年代以来,贾平凹的作品日益畅销,尤其是《废都》及其之后的《白夜》《土门》《高老庄》《怀念狼》《秦腔》《高兴》《老生》《带灯》《古炉》《极花》《山本》

部部走俏，每部发行量都在二十万册以上，并被报刊连载，甚或一次性刊载。这在当代作家中绝无仅有。

其四，书画走红。经多年的磨练，加之特有的文化修养，平凹的书画已成气候，不仅书报刊有他的题字，刊发他的书法作品，而且不少地方的书店、饭店乃至高级居民小区都请他题写匾额。集其书画精华的《贾平凹书画》的珍藏本一版再版，编号发行，令专业书画人士也称羡不已。

其五，歪打正着。贾平凹作品善变创新，多年来批评争议不断，尤其是《废都》风波，反使正版乃至盗版大行其道，此后每部长篇屡遭盗版，最新出版的长篇小说《暂坐》亦发现多种盗版本，还有不法书商私编滥印的多种贾平凹文集使其作品充斥全国各地的大小书店、书摊，无意中起了广告宣传的作用，当然，同时也损害了作家、读者和出版者的权益。

其六，前景看好。贾平凹现年七十岁，创作精力旺盛，20 世纪 90 年代以来，几乎每两年出版一部长篇小说，这种势头还在延续，方兴未艾。2020 年出版《暂坐》、2022 年出版《秦岭记》两部长篇小说就是有力证明。

"不可无一，不可有二"的贾氏书画

——观贾平凹书画展有感

　　2007 年 12 月 7 日上午，寒冷的一个冬日，贾平凹文学艺术馆门前，贾平凹书画展暨《贾平凹书画》首发式在热烈隆重的氛围中开幕，数百位文学艺术新闻出版界人士到场参加，中国工程院士、西安建筑科技大学校长徐德龙，中国美术家协会副主席、西安美术学院院长杨晓阳等人致词祝贺，对贾平凹书画予以很高的评价。一致认为贾平凹书画造诣与其文学成就一样是一流的，取得的成就是举世公认的。

　　十年前，1997 年冬日，笔者策划编选贾平凹第一本书画集《贾平凹书画》时，文学艺术界对贾平凹书画尚有争论，记得在出版《贾平凹书画》的陕西人民美术出版社，就产生了很大的争鸣，有的人认为贾平凹书画缺乏基本功，没有章法，与学院派书画格格不入，这些争论差一点影响了出版社社长的决策,要不是笔者和责任编辑据理力争,贾平凹第一本书画集《贾平凹书画》就可能流产了。

1998年于西安举办的全国书市上,《贾平凹书画》出版上市,受到读者热烈欢迎和好评,贾平凹签名售书盛况空前,书市期间,几乎将第一版的二千册书一售而空。之后随着对文人书画的认识增强,加上贾平凹名声日隆,贾平凹书画价值也节节攀高。

同时,贾平凹书画的出版捷报频传,先后出版了《贾平凹书〈道德经〉》(太白文艺出版社版)、《大堂书画》(陕西旅游出版社版)、《中国当代书画名家精品·贾平凹画》(河北教育出版社版)、《贾平凹千幅书法精品集》(陕西人民出版社版)以及今日首发的《贾平凹书画》(花城出版社版)等。

毋庸讳言,贾平凹不是专业书画家,他也自称没有临过帖,但实事求是地说,贾平凹书画在有良心的专业书画家看来,属上乘之作,究其原因,与贾平凹深厚的古典文学修养和极强的汉字造型能力有关,他毕竟是汉语言文学专业毕业的,也写作了上千万字的文学作品。腹有诗书气自华;人无俗气而自傲,文有秘结乃广传。书画中蕴藏着贾平凹深邃的精神世界,寄托着贾平凹豪华的志向追求。

另外他还不断地涵养自己的精气神,陶冶性灵,变化气质,所以尽管他无意做书画家,但其书画间却爽爽有一种风味和意趣。他的字质朴、厚实,寓精巧于古拙之中,在无法中建法度,于众法中求变法,转益多师自成一家。尤其是他的行书,温和内敛,大拙若巧,经久耐看,韵味十足,已形成"不可无一,不可有二"的贾氏风格,受到越来越多的人们的喜爱和好评。

贾平凹书画之所以有如此大的魅力,不仅源于名人书画,更重要的是其书画具有独特的风骨。贾平凹书画属文人书画,继承了中国文人书画的优秀传统,因而少了从师摹祖的束缚,也少了笔墨上的刻意追求,还少了时下某些书画家渗透在字里画间的逐名汲利的浮躁之气,而多了文字的风流倜傥,多了画意的高古清远,多了名士的潇洒旷达和率意求真。在贾平凹书画的字里画间,我们越来越强烈地感受到他运笔时的豪迈之势,也能体会到他布局时的沉稳之态,更能窥探到他形象之外的丰富多彩的精神世界。

2017.12.12

"苏东坡是我最向往的人物"

　　贾平凹以文名世,本无意做书法家,但他的书法作品却受到了书法爱好者的珍爱。下自普通百姓,上至领导干部,不少人都以家中悬挂平凹书法作品为乐为荣。毋庸讳言,贾平凹不是专业书法家,但凭良心说,贾平凹的书法作品即使在书法界中的行家看来,也堪称佳品,因为他有深厚的文学修养,有对汉字结构的悉心研摹,并经过练习,形成了属于自己的汉字造型能力和艺术表现力。他不断地涵养着自己的精气神,陶冶性灵,所以他虽然无意做书法家,但发而为书其字间自然流露出一种风气和意趣。其书法作品隐隐透出作者的人格特色,尤其是他的行书,温和内敛,这是综合修炼之功,平凹蓄势久矣。

　　早在 20 世纪 80 年代,当贾平凹有了做"书法家"的意识,也可以说有了"书法家"的责任后他曾说:"我认真地了解

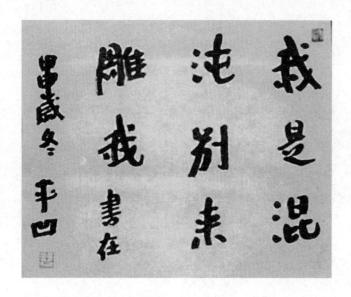

了当今的书风，怎么说呢，逸气太重，好像从事者已不是生活人而是书法人了，象牙塔里个个以不食烟火的高人自尊，博大与厚重在愈去愈远。我既无夙命，能力又简陋，但我有我的崇尚。便写'海风山骨'四字激励自己，又走了东西两海。东边的海我是到了江浙，看水之海，海阔天空，拜谒了翁同龢和沙孟海的故居与展览馆。西边的海，我是到了新疆，看沙之海，野旷高风，奠祀冰山与大漠。我永远也不能忘记在这两个海边的日日夜夜，当我每一次徘徊在碑林博物馆和霍去病墓前的石雕前，我就感念了两海给我的力量，感念我生活在了西安。"

有一次，平凹在谈话中进一步阐述了自己关于书法的见解，他说：岳王庙里有两块匾最有意思，一是沙孟海的，一是叶剑英的。沙是文人，书法刚劲之气外露；叶是元帅，书法内敛绵静。……我是北方人，可我老家在秦岭南坡，属长江水系，我知道自己秉性中有灵巧，故害怕灵巧坏我艺术的趣味，便一直追求雄浑之气，而雄浑之气又不愿太外露，就极力要憨朴，这从我的文章及书法的发展即可看出。

平凹知自己的字功夫不够，故有意临大山大漠取其势，采其气，他说：我得力最好的是我到新疆去过一次，那地方给你一种气势，我原来字写得比较软，到那以后写字，马上感觉书风变了，我的字产生了飞跃，有了大气的感觉。第二年我又去了一回，以后老顺着那个路子写。

魏碑尤其是龙门十三品对平凹的书法影响很大，他从中汲取了拙朴和大气。苏轼是平凹心仪的古代作家和书法家，其洒脱的精神气质和深厚的文化修养造就了独特的书法风格，即被后人称誉的文人体或文人书法，洋溢着浓厚的书卷气。平凹在其画作《东坡出游》中题写道："吾爱东坡好潇洒好率真，不拘一格作文章，出外好奇看世事，晚回静夜乱读书，当今谁是苏二世呢？"曾有人问："有人说你的字有点像苏东坡，你觉得这种评价对吗？"平凹答曰："苏东坡是我最向往的人物，他无所不能，能无不精。苏东坡的字多用侧锋，肥扁，我也爱用侧锋，用侧锋取势。"

要笔者讲，平凹的字如其人，正如他的夫子自道："我的字静，能沉下来，再一不花哨，做人、写文章我都不喜欢花哨。我的字表面上看，瓜瓜的、憨憨的、笨笨的，好像没啥技巧似的，内部有灵动的东西，学养的东西，我对美学的鉴赏自然而然地带到字里面去了。我的字比较耐看，不是写得很死、很板，也不是写得很野，故意做作，我的字里面绝对没做作气。另外我的字从来不龙飞凤舞，不粘到一块，规规矩矩地写。"

对此，《贾平凹书画》一书的责编胡耀辉也有相同的感受，他说：平凹的书法，粗看就像他的为人，带着几分敦厚和质朴，没有矫揉造作，少有龙飞凤舞，但透过其不俗的用笔，巧妙的结字，便能看出他对书道的深悟，对笔意的熟驾，对章法的融通。

那合乎法度的多种字体，那字里行间时有流露的汉隶、唐楷和魏碑的书风意韵，那富于弹性、善用侧锋的笔法，传达着其灵感和思绪，流动着一个书法家的沉稳静气、横溢才气和做人的苍茫骨气。加上全新视野的书写内容，或写"但用我法"，或写"白眼观人"，或写"澹然无极"，顿时给人以充满新意之感，给人以警示、教益和振奋。此时，人们对平凹书法会生发出新的感悟，除了有感于他的书法锋际笔意间的传神外，更多的则是感到一种精神的力量，一种意念得到净化的通脱感，以及一种把握人生风帆的自信。

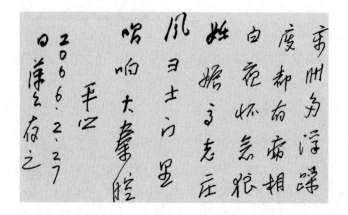

平凹的字质朴、厚实，寓精巧于古拙之中，在无法中建法度，于众法中求变法，转师多益自成一家。字里行间，我们既能感受到他运笔时的豪迈之势，也能体会到他布局上的沉稳

之态。当然，他有时也会大刀阔斧，激情澎湃，一气呵成，让观者在欣赏其书法的过程中胸怀渐开，心旷神怡，得到美的享受的同时，精神世界得到丰富与提升。

人间又添一奇迹

——贾平凹文化艺术馆印象记

世人皆知,临潼有世界第八大奇迹——秦兵马俑。2014年4月8日,在距秦兵马俑博物馆不远的临潼国家度假区,人间又添一奇迹,那就是贾平凹文化艺术馆。

被人们誉为奇才的贾平凹创造了奇迹,他是我国当代文坛屈指可数的实力派文学大家,洋洋千万字、皇皇二十二卷《贾平凹文集》可作证明。他也是当代中国最富探索精神的作家之一,长篇小说《废都》堪称代表。同时,他在书画创作上也取得丰硕成果。此外他爱好古董、奇石,收藏巨丰,其工作室的藏品就可以和一个小县的博物馆藏品媲美。

贾平凹文化艺术馆本身堪称建筑奇观。依托贾平凹的文学成就、书画作品、创作经历、艺术收藏和精神世界建设而成的贾平凹文化艺术馆,位于临潼国家度假区凤凰大道与芷阳三路交汇处,建筑面积4606平方米,是集文学陈列、书画收藏、影像展示、学术交流、艺术展览于一体的非营利性文化艺术场馆。纵观全馆，整体设计简洁大气、质朴硬朗、别出心裁，与贾平凹朴实、内敛的性格和丰沛的创造力互为表里。建筑外部空间设计交错有致，富于变化，与贾平凹文化艺术作品的丰富内涵交相辉映。建筑主体呈"凹"字形，单坡屋顶建制源自传统关中民居建筑，同时也巧合了贾平凹名字中的"凹"字。

贾平凹文化艺术馆展出的作品堪称奇迹。文化艺术馆分为上下两层，一层集中展示了贾平凹文学作品手稿、出版物、书画作品和奖杯、奖章，以及相关文学艺术创作研究成果等。贾平凹手稿很有特点，都是写在稿纸的背面，疏密有致，非常耐看，不足之处是目前展出的手稿还不够丰富。贾平凹是当代中国畅销书作家，出版的作品在数百种以上，仅不同版本的文集就有十来种之多，居当代作家之冠。展出的书画作品丰富多彩，寓意深远，内容为"文学神圣""海风山骨""受命于天""与天为徒"的巨幅书法，令人震撼，发人深思。奖杯、奖章，既有国内的，也有国外的，在灯光下闪耀着炫目的光环。在不同历史时期照片、影像资料营造的氛围中，人们可以细细感受贾平凹文学世界中所呈现的时代情怀，和其立足于文学精神对人类命运的关怀、探究和思索。

贾平凹文化艺术馆的功能构想可谓奇思。二层展馆充分发挥文化艺术类场馆的展示功能,定期举办艺术展览活动、品牌艺术秀、文化艺术讲座、艺博会、电影节、研讨会及workshop(工作营)等文化艺术活动。正在展出的"原乡·当代艺术展"使人耳目一新;鲁迅、蔡元培、梁启超、李叔同的巨幅画像令人崇敬;造型新奇的形似鸟笼的雕塑发人深思。这里还设有书吧,不仅有贾平凹的作品,也有陈忠实、路遥等陕西作家的作品,在此流连半日,既可以品茶论书,也可交流思想,是高雅的精神会所。

俄式老楼上的文艺编辑

　　说起贾平凹的"走向社会"不能不说到出版大院。贾平凹早在大学未毕业前,就到西安北大街十字东北角出版大院内的陕西人民出版社文艺编辑部实习。那时推荐选拔的陕北陕南的大学生少,所以政策规定陕北陕南的大学生毕业后原则上都要从哪里来回哪里去。贾平凹是从陕南的商洛来的,按说毕业后也应回老家奉献所学,但贾平凹显然想留在省城有更大的作为,所以在陕西人民出版社文艺编辑部实习期间努力表现,由于实习期间工作突出,实习单位不久就成了他毕业后的第一个工作单位。

　　1975 年在西北大学毕业后,贾平凹被分配到陕西人民出版社文艺编辑部做编辑。按惯例,大学生初到出版社,先要到校对科或相关行政部门实习半年,然后才能到编辑部做编辑,但那时缺少编辑,贾平凹已有实习的经历,业务基础扎实,为人处事也好,就被直接安排到文艺编辑部做编辑了。

行有余而为文,在为他人做嫁衣裳的同时,贾平凹也利用业余时间从事写作、书法等文学艺术活动,据老编辑和贾平凹自己讲,那时常到西府礼泉县的先进典型烽火大队去组织作家写村史并亲自动笔创作,贾平凹的写作才能也有了用武之地。由于种种原因,虽然他在做编辑期间没有编多少优秀图书,但他却创作出一系列好作品,比如在西府深入生活期间创作的短篇小说《满月儿》荣获 1978 年全国优秀短篇小说奖。又如创作于 1980 年 1 月 21 日的《窗外一棵白杨树》(署名陕西人民出版社贾平凹),还有中短篇小说集《早晨的歌》1979 年由陕西人民出版社出版。同时他也开始了书画创作,据说那时有一本贾平凹创作的钢笔画集在文友间传阅,最终被某友人收藏,秘不示人。可以说在出版社的五年奠定了贾平凹的文学写作和书画基础,初步确立了他在文坛的地位。

在出版社工作期间,贾平凹在出版大院靠北边的上世纪50 年代建造的俄式老楼上办公,住在大院南端的红楼一间六平方米的单人宿舍里。那时他的妻子韩俊芳仍在丹凤县剧团工作,为了调爱人来西安团聚,贾平凹曾向组织提出解决夫妻两地分居的请求,但迟迟未能得到解决。后来西安市文联闻讯后把贾平凹和妻子作为人才调入《长安》编辑部,夫妻结束了牛郎织女的生活。可以推测，要不是为了解决夫妻两地分居问题，贾平凹也许就在出版社干下去了。

虽然贾平凹已调离出版社，但他像回娘家一样常常回到出版大院，除了参加一些大的出版活动，或者为亲朋办事外，多数是来洽谈其作品的出版事宜。1982年，他在陕西人民出版社出版中短篇小说集《野火集》，1988年在陕西人民出版社出版中短篇小说集《冰炭集》。

大约是1985年的某一天，笔者在出版大院与贾平凹邂逅，不久就和孙见喜拜访他，商谈《平凹游记选》的出版，经过一系列编辑出版流程，该书于1986年春暖花开之际面市。

一花开后百花放，之后，笔者参与策划、编选、主编出版了《贾平凹游品精选》《坐佛》《贾平凹书画》《做个自在人——贾平凹序跋书画集》《西路上——贾平凹手稿珍藏本》《贾平凹文集》(20卷)诸图书，多为填补出版空白的图书。除《做个自在人——贾平凹序跋书画集》由内蒙古教育出版社出版外，其余均是出版大院内的陕西各出版社出版的，《贾平凹游品精选》《坐佛》由太白文艺出版社及其前身华岳文艺出版社出版，《贾平凹游品精选》后由陕西人民出版社修订再版；《贾平凹书画》由陕西人民美术出版社出版；《西路上——贾平凹手稿珍藏本》由三秦出版社出版；20卷《贾平凹文集》由陕西人民出版社出版。

贾平凹在陕西各出版社出版的图书还有：1990年陕西人民教育出版社出版的文论集《静虚村散叶》，1991年陕西人民出版社出版的《贾平凹小说精选》《贾平凹散文精选》，1991年西北大学出版社出版的《贾平凹获奖中篇小说选》，1992年陕西人民出版社出版的《龙卷风》，1992年陕西旅游出版社出版的《贾平凹早期小说选》，1994年陕西旅游出版社出版的《四十岁说》，1995年陕西人民出版社出版的《说话》，1995年太白文艺出版社出版的《中国当代实力派作家大系·贾平凹小说精选》，1998年陕西人民出版社出版的《贾平凹文集》14卷（2004年续为18卷），1998年太白文艺出

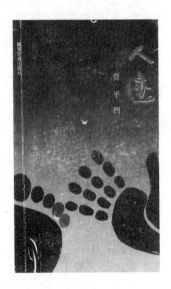

版社出版的《高老庄》，1998年陕西旅游出版社出版的《喝酒》《下棋》，2000年太白文艺出版社出版的《贾平凹书〈道德经〉》，2001年陕西旅游出版社出版的《浮躁》《商州三录》《远山野情》《我是农民》，2002年陕西旅游出版社出版的《大堂书画》，2003年陕西人民出版社出版的《贾平凹千幅书法精品集》《贾平

凹长篇散文精选》,等等。

上述陕版贾平凹图书及其选收的作品,荣获了多项出版奖和文学奖,陕西人民出版社出版的中短篇小说集《早晨的歌》获陕西省第一届优秀图书奖,陕西人民出版社出版的《贾平凹小说精选》获全国优秀图书金钥匙奖,同时获全国图书装帧奖,太白文艺出版社出版的《贾平凹游品精选》被《中国图书评论》杂志社评为最受读者欢迎的图书,陕西人民出版社出版的《贾平凹长篇散文精选》获鲁迅文学奖。

2009. 1. 3

贾平凹作品的编辑们

众所周知，出版是文化积累的事业，出版界尤其是陕西出版界为编辑出版贾平凹著作做出了较大贡献。

孙见喜是太白文艺出版社的资深编辑，贾平凹的老乡，两个人的老家相距不过十公里，可以说是喝同一条丹江河水长大的。就读于西安工业学院的孙见喜大学毕业后分配到河南某工厂工作，但自幼爱好文学的他仍痴迷文学，业余从事文学创作。当他得知《满月儿》（荣获全国优秀短篇小说奖）的作者贾平凹是陕西商州人后，便开始关注起贾平凹的文学创作。

1984年，孙见喜弃工从文，如愿以偿调入陕西人民出版社的《绿原》（后改名为《文学家》）编辑部做编辑，开始与贾平凹联系，编发其作品，同时积累有关贾平凹及其创作的资料，撰写了报告文学《贾平凹其人》，发表在《文学家》上，还因此文吃了一场官司，但他无悔无怨，一如既往地跟踪、研究贾平凹及其创作活动。

后来陕西人民出版社文艺编辑部独立，成立华岳文艺出版社（今太白文艺出版社），孙见喜做编辑部主任，相继编辑了包括王蒙、铁凝、贾平凹等当代中国实力作家作品的书系、《贾平凹小说精选》《贾平凹散文精选》《贾平凹游品精选》《高老庄》等优秀图书。其中《贾平凹小说精选》荣获全国优秀图书金钥匙奖，《贾平凹游品精选》获得全国图书装帧奖。

陕西师范大学文学院教授、陕西作家协会副主席朱鸿也曾是太白文艺出版社的编辑，他编辑了大量的文学图书，其中就有《贾平凹书〈道德经〉》、10卷本《贾平凹小说集》。

朱鸿一手编他人的书，一手写自己的文。20世纪80年代他曾就散文创作与贾平凹通过信。贾平凹的复信对他的创作影响非小，在贾平凹的鼓励下，朱鸿创作出大量的散文作品，结集出版有《西部心情》《夹缝中的历史》《大时代的英雄与美人》等，并曾获得冰心文学奖。

张孔明是陕西人民出版社的编审，他是学历史的，却编发了大量的文学图书，其中就有贾平凹的著作。90年代，他与孙见喜合编了《贾平凹散文精选》《禅思美文》，均一版再版，受到读者好评。近年来，他编辑了贾平凹撰文的《中国百石欣赏》、20卷本《贾平凹文集》。

为编辑好《贾平凹文集》，孔明很是下了一番功夫，在审稿中发现问题及时记下来，待编辑完《贾平凹文集》，记了数万字的审稿笔记。他还编辑了《贾平凹妙语录》。对有疑问的地方，便与别的版本比照核对，以求准确无误。记得他曾多次找我这个编选者切磋商谈，或到我处找有关平凹的著作进行核对，还就"惟"和"唯"等词的用法进行研讨，达到了咬文嚼字的程度，从而保障了《贾平凹文集》的编校质量。

　　孔明也是"双手舞球"的高手和快手，业余时间创作了大量散文随笔，结集出版了《说爱》《谈情》《当下最美》《红炉白雪》《我岭上》。贾平凹在给孔明散文集《谈情》所作的序文中写道：

　　孔明嘴碎，见什么都说，去年一本《说爱》，今年又是本《谈情》。

　　孔明似乎还谦虚：小人说的都是小事，一孔之明。

　　大说是史家的事，大人物又有几个？小事构成了我们芸芸众生的生命；小说是文人的本事；再者，孔明也是大明，字典里仍写着这层解释呢。

　　小事要说得很明，得要世事洞明；小事要说得通达，得要人情练达。饭后茶余，睡觉前，如厕时，翻几页看看，有多少事我们整日经历着，经孔明一说，还有这么多意义和趣味！

　　　　　　　　　　　　　　　　　　　　　读懂贾平凹

书原本都是写闲话,现在的文人写着写着就都把自己写成上帝了。孔明的书是闲书,闲书不伟大,闲读却有益。

我喜欢孔明说。

我不喜欢孔明说得太溜顺。

1996年,贾平凹在《〈五人集〉序》中又写道:

孔明:最瘦小单薄的一个,一张窝窝嘴除了说话就是微笑,但小脑袋里在想什么,谁也无法捉摸。他永远有写不完的题材,什么东西又都能写得率真可爱。年龄可能最小吧,笔力却老。今晚回去,他又要写出一篇什么样的好文章呢?

孔明也像孙犁先生一样将贾平凹引以为同志,他在题为《贾平凹同志》的文章中写道:

1982年夏,孙犁应约为贾平凹的一部散文集作序。我感动于此序的第一句话:"我同贾平凹同志,并不认识。"1982年,文坛正热闹,脱颖而出的文学人物不在少数,孙犁认识的,应该也不在少数,但他注意到了贾平凹。不是贾平凹的声名显赫惊动了他,而是贾平凹的作品四面开花使他刮目相看,为此他还写了篇文章。对贾平凹而言,这篇文章不是雪中送炭，也是锦上添花。孙犁的慧眼何其毒也，他凭作品判断出了贾平凹其人的写作实力与文学前途。俗话说："三十年河东，三十年河西。"三十年过去，孙犁已作古，他笔下推崇的贾平凹变成了一棵文学常青藤，枝繁叶茂地攀援上升，赫然自成参天大树。咦，识人者伯乐，非孙犁而谁？

孙犁为贾平凹写序的时候，名头已很响亮。他的声名远播，是因为他的作品不断地释放出芬芳。他一直蜗居读写，很少抛头露面。"只在此山中，云深不知处。"他是高人，只用作品说话。我不知道贾平凹是否受了他的影响，却知道贾平凹一直伏低伏小。贾平凹时常引发文坛地震，纯粹是因为他的一部部作品如天摺陨石，落地有声。回过头来看，贾平凹真算得是孙犁的"同志"，或者换句话说，贾平凹没有辜负孙犁，是当之无愧的"贾平凹同志"。

陕西人民出版社的编审张海潮也是商州人，几乎与贾平凹同时上大学并分配到陕西人民出版社工作，曾荣获全国优秀中青年编辑称号，他曾编辑了《长征》等大量的优秀政治读物。近年来也编辑了不少文艺图书和书法精品，如记述贾平凹长篇小说《秦腔》创作出版所引发的争鸣的长篇报告文学《〈秦腔〉大合唱》，如《中国书法思想史》《中国历代书法名作鉴赏与临习一本全丛书》，等等。

同为西北大学毕业的陕西人民出版社编审贺治波,是该社编辑部主任,在编辑了《西安旅游大全》(贾平凹题写书名)等历史地理优秀图书的同时,还编辑了《贾平凹与〈废都〉》《多色贾平凹》《高考大透视》(贾平凹题写书名)等为人乐道的文学图书。

　　高立民是三秦出版社的编辑部主任,他与笔者策划并编辑的《西路上——贾平凹手稿珍藏本》当为第一部当代作家手稿本,也是贾平凹迄今唯一的手稿本,具有很高的收藏价值,也深受读者的欢迎和喜爱。

　　贾平凹在《手稿版〈西路上〉答孔明问》对该书予以肯定:

　　孔明(以下简称孔):贾先生,《西路上》手稿本的出版,是您自己的创意吗?

　　贾平凹(以下简称贾):出手稿版,我没有想到过。记得前年王新民似乎有过这个意思,当时一笑置之。今年春上,王新民又与三秦出版社的编辑高立民寻到了我,谈了他们的设想,希望我能配合支持。我甚觉为难,一是觉得这样好吗?出手稿版是不是太那个了?二是觉得这对出版社也是冒险,会有销路吗?但出版社下了决心,我就同意了。

　　孔:您对拿在手上的这个手稿本《西路上》感到满意吗?其设计思路是否征求过您的意见?

贾：我是刚拿到书的，和我想象的不一样。看得出，出版社是用了心的，设计、用纸都比较讲究。老实说之前我是担心的，手稿本怎样出才好呢？现在的这个样子不错，我自己喜欢，也希望读者喜欢。

孔：以手稿形式出版当代作家的一部完整作品，在目前是极罕见的，这是否与您的艺术性格与个性化魅力不谋而合？

贾：如果是我个人完成的事，我是会固执地按我的想法去做的，比如写作。但若与人合作，我百分之九十情况下是随和地努力去达到合作的愉快。这是我做人做事的原则。这本书的出版就是这样。

孔：对读者，特别是对贾平凹迷们而言，这无疑是一个"福音"：他们在欣赏与收藏贾平凹的书籍的爱好里，不仅多了一个新鲜而有趣的版本，而且多了一个窥视您、了解您的途径。读您的手稿本《西路上》，感觉的确与电脑排字版不同。首先是亲切了，读者与您的距离一下子拉近了；其次是身临其境，仿佛不是在读您的文字，而是在和您面对面交谈；再次是对您作品的魅力有了更加丰满、真切的感受。听说《西路上》是您边走边写的，是这样吗？

贾：《西路上》是我从西安走到新疆途中的见闻和体会，当时白天在旅途，每晚做笔记。如果看那些笔记本，有些地方写得十分潦草,那是在汽车抛锚时趴在座位上写的,有些是车跑动中写的。笔记本上画了相当多的图案和多种符号,只有我看得懂,那是一时来不及,又怕遗忘而做的。

孔:旅行是很辛苦的,旅行的同时还坚持写作,您是怎样安排时间和精力的? 听说您曾经骑着骆驼写作,有这回事吗?

贾:我身体不好,一直担心路上累倒,但还好,只是犯过几天的牙痛和一次拉肚子。我带了一大包药,反正没事了就抓紧休息。一路很辛苦,但我幸运地完成了预期的计划。

孔:您的《西路上》与西部大开发有联系吗?

贾:当然有联系了。去亲身看看西路上的山川地貌、人情风俗和现在的变化,一直是我难以释怀的念头。

孔:和您的毛笔字一样,您的《西路上》的手稿显示了您的硬笔字也有着个性化的魅力。您的字体风格是在自然写作中形成的,还是刻意练写出来的?

贾:当然是在自然写作中形成的。我从未想过要当书法家,书法是我种麦子而在收获到麦粒外又收获了麦草。老实说,我的钢笔字不如毛笔字。从书中可以看出,有些篇章写得还可以,有些篇章就潦草不堪。那时怎么能想到会出个手稿本呢?

孔:在电脑写作已经普及的今天,您为什么还不换笔呢?

贾：我喜欢用笔写作，也习惯了。用电脑快，但一个作家一生能写多少字呢？写不了多少的，何况手擀面条总比机器压出来的面条好吃。

2018年10月，在笔者和陕西人民美术出版社总编辑雷波策划下，高立民任责任编辑的贾平凹书画艺术评论集《平凹谈书说画》由陕西人民美术出版社出版。该书是贾平凹第一本谈论书画的文章的汇集，所收文章从各个侧面反映了贾平凹对中国书法绘画的认识，显示了贾平凹的美学修养及审美观念，也客观反映了陕西乃至中国当代书画艺术的繁荣景象、陕西乃至中国美术实践活动及艺术家的个人风采。对了解包括贾平凹在内的陕西乃至中国书画艺术成就和发展轨迹具有极高的参考价值。贾平凹以文学思维谈书论画，老调独弹，妙趣横生，引人入胜。全书约10万字，图文并茂。贾平凹题写书名。

高立民还编辑有笔者著的《书友贾平凹》和朱文鑫著的《收藏贾平凹》等图书，陕西师范大学王志武教授曾以《对社会对读者负责》为题著文予以称肯。

孔令燕是人民文学出版社主办的大型文学双月刊《当代》的社长和主编，编辑过贾平凹《古炉》《带灯》《老生》《极花》《山本》（精装版）等作品。她认为，作为一名编辑，应该具有三个方面的职业思考。一是作为编辑的精神追求,二是作为编辑的职业素养,三是作为编辑的职业定位。

2013年中国出版集团组织了一次编辑和骨干人员的培训,参加培训的孔令燕在结业时有一个发言,发言主题是"做一名有情怀的编辑"。做有情怀的编辑,出版有情怀的书,编发有情怀的作品,是她一生的职业追求。同时应该具有足够的职业素养来从事这份工作。众多的职业素养汇聚成一句俗话就是,做事先做人,做编辑要真诚。作家贾平凹对她的评价是:你用你的真诚跟作家交往,所以特别长久。编辑职业素养的其他方面还包括专业和敬业。孔令燕本科学的是中文,研究生读的专业是美学。七年的专业学习,给她奠定了扎实的专业素养,确立了审美标准。编辑出版每一本书,她都会写一篇专业的评论文章。这些文章陆续发表在《光明日报》《中华读书报》等报刊上。她对待工作具有敬业精神。作为一个编辑,从约稿到设计出版、直到最后的策划营销,大到图书整体策划,小到开稿费寄样书,她都会一丝不苟地去做。这样的做事方式给作家留下了很好的印象,编者和作者之间建立起长期的合作关系。以贾平凹举例,从2003年起,她跟贾平凹合作至今,贾平凹的长篇小说之所以大多选择了人民文学出版社,是他切实感受到了孔令燕对待工作的专业水准和敬业态度。

孔令燕对编辑的职业定位是一个图书出版的经纪人。在与贾平凹交往的过程中,她用她的专业和理念为作家打开思路,也打开了作家作为一个文化创造者所能进入到的各个领域。她认为,贾平凹是一个很传统的文人作家,从做事到做人,都很传统,很文人化,这个性格不适应我们身处的这个数字化的、国际化的、商业化的环境。她在合作的过程中不断对贾平凹做工作,并在数字化、国际化和影视化方面不断推动,为他寻找机会,也为出版社寻找机会。在数字化方面,《带灯》开创了数字版和纸质版同时发售的先例,并在数字版权上为作家争取了最大利益。新出版的《老生》也在集团数字中心的支持下,与中国移动合作,进行全方位数字化开发。国际化方面,以前贾平凹不愿意出国,也很少有作品被翻译成外文,虽然他在中国的名气大,但是国外的人很少知道他。2013年,孔令燕极力劝说贾平凹参加法兰克福国际书展,让作家实地感受出版社在国外的影响和"走出去"的重要性。书展期间,她多次安排贾平凹与德国作家和汉学家进行交流和对话,取得很好的效果。成功出售了《带灯》的法语版权和意大利语版权。2018年8月24日,在第二十五届北京国际图书博览会上,在孔令燕和同事的筹划和努力下,人民文学出版社举行贾平凹作品海外版权成果推广会,贾平凹与国外出版家和翻译家进行现场对话,人民文学出版社与黎巴嫩雪松出版社签订了《老生》阿拉伯语版版权输出合同，该书将在整个阿拉伯语地区发行。

编辑与作家的友谊是建立在对作家作品的认识和理解的基础上的。孔令燕曾在一次演讲时指出：贾平凹的文本特别好，不少人对贾平凹的文化价值认识还不够。他是从中国的传统艺术中领会得益最多的作家，真正掌握了传统文化的精髓，掌握了诗书画一体的艺术手法，他的文学作品和中国画的意境很像。贾平凹在《极花》的后记中坦言借鉴了中国画的留白手法，留出的空白才是最重要的。他的作品还像水墨画中一块一块的洇染。他把艺术门类之间的界限打通了。他的语言文字，真正的大象无形，大音无声，他写的白话，没有华丽的辞藻，却有无尽的意味。她认为，贾平凹已经切身经历了"昨夜西风凋碧树，独上高楼，望尽天涯路"和"衣带渐宽终不悔，为伊消得人憔悴"的求索，体悟到了"众里寻他千百度，蓦然回首，那人却在，灯火阑珊处"的最高境界。

2012 年，陈忠实在人民文学出版社出资、设立了"白鹿当代文学编辑奖"，两年一选，奖励社内从事当代文学作品编辑工作的人员。孔令燕先后获得 2013 年首届、2015 年第二届"白鹿当代文学编辑奖"，在发表获奖感言时她说：《纽约客》的资深编辑威廉姆·肖曾说"一个好编辑正如同一个好教师，他的工作不是为了显示自己，而是为了展示别人的成就"，编辑做的事情就是这样，能够把别人的好展示出来，能够做到"君子有成人之美"，就是有意义的工作。同时，也希望这些奖项不要成为终点，而是一个新的开始。

张懿翎，笔名懿翎。曾任作家出版社编辑室主任。她1985年开始文学创作，2003年加入中国作家协会。著有长篇小说《把绵羊和山羊分开》《十三阶》《冷春》，中篇小说《乌云》《最后一个季节》《牺牲》等，短篇小说《冬天的风琴》《流动的濠沟》等，发表诗歌数百首。曾编辑、出版了莫言、周梅森、王蒙、张平、叶兆言等人的长篇小说若干部，以及《张洁文集》《马原文集》《莫言文集》《铁凝文集》等。近年来，编辑了贾平凹长篇小说《浮躁》（新版）、《废都》（新版）、《秦腔》、《高兴》、《山本》（平装版）。编辑《山本》时，张懿翎已经退休，但她退而不休，暂放自己的创作，一如既往兢兢业业地编辑《山本》。

四川文艺出版社原社长金平先生说过：贾平凹是出版界的"金饭碗"。作者是出版社的衣食父母，贾平凹是当代当红作家，他的著作尤其是长篇小说部部畅销，一般起印数在20万册，累印数字可达30万册以上，多种版本《秦腔》的累印数已超过50万册。《山本》平装版开印数达35万册，精装版印数达5万册，《收获》专号版印数也很可观。在出版社做过编辑，如今还做着《美文》《延河》主编的贾平凹了解编辑，理解出版人，所以在长期的著作出版过程中，与出版人建立了深厚的友谊，但愿这种友谊地久天长，如此则对中国当代文学是幸事，对中国当代出版业也是幸事。

"说平论凹"的批评家们

　　如果说"凹迷"们和出版人是贾平凹及其作品的护花使者，那么评论家就是贾平凹及其作品的修剪者。伴随着贾平凹及其作品的成长，逐步形成了一支在稳定中不断壮大的贾平凹及其作品的评论团队，他们大致可分为学院派、社会派和媒体派，学院派主要有费秉勋、冯有源、李星、谢有顺、韩鲁华、孙新峰、王一燕等；社会派主要有孙见喜、王新民、何丹萌、朱文鑫、鲁风等；媒体派主要有章学锋、王峰、狄蕊红等。

　　先说学院派的导师级人物费秉勋。费秉勋先生是笔者的大学老师，也堪称贾平凹的老师。贾平凹在《我所认识的几位编辑》一文中写道：

　　他是一位学者，一位批评家，但我一直认作他是一位极好的编辑。

十多年前，他还在《群
众艺术》杂志社，我的第一
个故事《一双袜子》就是他
责编的。从那以后，我们相
识，十多年来我调换了许多
单位，他也从编辑部出去当
研究生，当大学的先生，但
我们的关系一直亲密。我
常到他那儿去，请教一些哲
学上、美学上的事，他也常
到我家来，谈他对我的新作

的看法，有什么突破了，有什么要极力修正。我们交谈，相伴
的只是一杯清茶，到吃饭时候了，他就走了。他是一个极严
谨的人，不善言笑，反感拉扯吹嘘，与我的性情投合，故有时
谈得很热火，忘记了饭时睡时，有时就无言而坐，后来就默默
地起身走了。

　　一年春节间，我去看他，第一回给他带了一瓶酒，一包糕
点，他显得很难堪，其夫人就说："你和老费可不要兴这个，君
子相交淡如水啊！"我不觉脸也红了。

　　他为我的创作写了许多评论，也为我带了许多是是非
非。在我创作徘徊不前的时候，他首先发现我的长处在哪

里,点明我的突破口,在我创作势头正旺的时候,他又首先发现我的弱点在哪里,提醒我的觉悟。我为有这样一位十多年来时时指导的编辑而感到幸运。

在《先生费秉勋》一文的末尾,贾平凹写道:"他大我十多岁,我二十岁时称他为老师,终生都称他为老师。这不仅仅是一般的尊称,确确实实他是在为人为文上一直给我做着楷模,我时时对自己说,也当着别人的面说:永远向费先生学习。"

早在 20 世纪 80 年代,时在西北大学任教的费秉勋先生就推出国内第一部贾平凹研究学术专著《贾平凹论》,令包括笔者在内的广大读者如获开启当代文坛神秘鬼才——贾平凹创作奥秘的金钥匙。这是因为费先生不仅是贾平凹研究专家和评论家,而且是贾平凹的导师和密友。作为导师,费先生"始终关注他(贾平凹)的事业"(费秉勋语),对其学生的作品有着全面而深刻的理解,作为密友,对其朋友的创作也有着清醒的认识。这本书是国内首本有权威性的研究贾平凹创作的学术专著。

书中既有严谨缜密的评析,又有微中见宏的阐发;不仅能道他人未曾道之"美",且敢言他人未敢言之"丑"。是平说平,鼓励作家大胆朝前走;是凹说凹,忠告作家谨防跌倒。或秉笔直书，足见爱之真切；或婉言忠告，可谓护之有方。评论家的严厉，导师的理解，朋友的坦诚，渗透在该书的字里行间。

平凹作品末尾常署的"静虚村"，对于许多读者都是个谜，笔者在读该书之前也不甚了解，仅知其为贾平凹生活过的地方，或指追求一种安静的环境和心境。没有多想其深意。费先生在该书第十三章第二节剖析道："'静虚村'最核心的乃是体现作家处理生活与创作、生活及艺术的带有哲学意义的一种创作境界，或者说是一种艺术实践的修养目标。"也是贾平凹孜孜以求的第三种创作境界。不仅如此，费先生还从中国古代文论到中国古典哲学以及贾平凹的生活、创作实践，分析和肯定了"静虚"的合理性和可行性，并精辟地阐述道："文学创作的构思，贵在虚心和宁静，汰除心中的成见，使精神纯净。所以'虚'和'静'是作家把生活通过主体精神转为艺术时的一种修养功夫。'虚'和'静'包括着排除先入为主的成见，也包括着不赶风头，保持冷静和淡泊，不让感情冲乱艺术劳动的从容的步子。……身在此山便可能不识庐山真面目，在艺术地认识对象和反刍所得的意蕴而表现它的时候，和对象保持一定的距离，反而能清醒地认识它和真实地表现它。"同时对"静虚"作了限定："仅是提笔为文时处理生活的一种修养"，强调"在此之前，在作家和生活发生关系的阶段,作家必须深入生活,对生活作亲身的体察和透彻的了解"。不然"一开始就保持距离,这种'虚'就是贫乏、空虚"。最后谆谆告诫作家:"应当努力使'静虚'符合马克思主义的艺术论和方法论,克服其中可能为佛老思想乘虚而入的成分。"这些忠告对赞美之声不绝于耳的贾平凹是难能可贵的,对其创作的提高是有指导意义的。

作为权威的贾平凹研究专家和具有宏观眼光的文学评论家,费先生不仅全面系统地评析了贾平凹的创作过程,阐述了其创作规律,而且触类旁通,"超越贾平凹研究本身,对中国文化发展的研究起到一定的启迪作用。"(引自该书绪论)如在揭示了贾平凹创作方法的变化规律并充分肯定了其现实主义创作成就的同时,对其非现实主义的创作方法也作了肯定,并作了具体分析。认为贾平凹小说的非现实主义创作方法"是对古今中外小说博采众长而成;《商州初录》的非现实主义创作方法,则是主要承袭中国古代小说散文特别是残丛小语的笔记小说的写法而成。"在此,费先生特别强调了贾平凹对中国古典文学精华的承传和汲取,使贾平凹作品日趋成熟乃至丰盈美妙。与此相应,在论及文坛争论颇烈的"开放"问题时,费先生发表了独特、精辟的见解:"最高境界的开放应当是视野开阔到不分内外,这样对内和外的所长所短,都能看得真切,处理得当。只要是长,无内无外皆取之;

如果是短，无内无外皆避之。"并且指出："眼睛只向外并不是开放的最高境界，一个民族弄到对自己的过去糊里糊涂，哪能谈到什么开放呢？"而对那些认为西方文艺才是中国文艺寻找出路时的救星的错误论点进行了严厉的批评："浅薄之至，更令人感到可怜！"以至于大声疾呼："祖国的文学艺术家们，我有一句箴言，不知你们能否赞同：又是当代的，又是民族的，又是开放的。这三个支点只要缺了一个，你的产品就难以挺撑在时代文艺的峰巅上。"

《废都》问世前，费秉勋先生看到手稿中讽刺时弊的歌谣，带色的描写，埙吹奏出的悲凉调儿，认为都是不大合时宜的。因此在看完《废都》手稿后不是像往常那样颔首，而是出人意料地摇了摇头，贾平凹和在场的朋友急忙请教，费秉勋却秘而不宣。直到《废都》出版后，在一次电台热线讨论时，待几个读者对小说提出质疑和非议以后，费老师才一吐真言："从这部书创作到出版，我有一个估计，不一定准确，我觉得平凹这部书有相当大的超前性……所以我不主张平凹发表这部作品。从听众反应看，这部书目前还不会被很多人所理解，所以这部书价值是有的，也许是传世的，但出现得有些过早。"

后来当《废都》争议蜂起并受到批评甚至批判时，作为评论家，费秉勋又出人意料地前所未有地主编起《〈废都〉大评》

一书,对引导人们正确理解这部遭误读的小说起了导读作用。可见费秉勋不仅是一位有远见卓识的预言家,而且是一位有胆有识的文学评论家。

2018年9月1日上午,西安建筑科技大学贾平凹文学艺术馆举办了"清风高谊——费秉勋贾平凹师生情谊展暨《贾平凹论》《中国古典文学的悲与美》首发式"活动。这一活动印证了二人的师生情谊。五百余位文化界人士及学校师生参加了此次活动,共同见证了这一文化盛事和师生佳话。

该展以"清风高谊"的师生情谊为主题,在费秉勋先生八十寿辰到来之际,展出其书法作品数幅、作家贾平凹写赠老师的墨宝以及记录二人相聚交集的几十张照片,回顾了两个人半个世纪的友谊往还,展示了贾平凹对恩师的深厚情谊,并展现了费秉勋先生为人、为文、为艺的精神典范。

贾平凹在致辞中深情回顾了他与老师相交四十余载的情谊,称赞费秉勋先生是"大雄藏内,至柔外显",希望能一直向他学习做人与做学问的精神。

冯有源是贾平凹的同乡和大学同班同学,也是笔者的大学老师,当年冯有源老师和郑定宇、张书省老师教我们写作,突破了好多条条框框,作了许多创造性的阐发,这在那个极"左"余毒犹存的时代,这样做,对于他们这些刚走上讲台的青年教师而言是有风险的。正因为有他们的风险投资,才有了我们班写作上较大收获的回报，出现了方英文、马玉琛、陈敏等作家和诗人。

冯有源老师结合教学先后编写了《平凹的艺术》（与贾平凹合著）、《平凹的佛手》。《平凹的佛手》是随笔集，冯有源老师不仅是贾平凹的大学同学，也是文友，二人当初合写过数篇小说，后收在《贾平凹文集》中。据说在大学时，平凹就与冯有源、张书省、和谷先生等相互切磋写作。工作之后，仍保持着联系，平凹还发起成立群木文学社，以与同学文友互相激励，不仅自己成长为文学园林中的参天大树，当年的同学或社员陈忠实、和谷、张书省、冯有源、张敏等也相继成名成功，创作出有影响的作品。

冯有源老师通过写《平凹的佛手》这本书，既延续了他与平凹的友谊，也为我们留下了宝贵的史料。对于读者正确认识和准确理解贾平凹及其作品，尤其是有导读之功。

冯老师早年曾与贾平凹合作过数篇文章，既有理论又有创作。鉴于贾平凹不少作品入选教材，冯有源先生精心策划

编写了《平凹的艺术》这部分析贾平凹作品的教学参考书。既有例文，又有分析，还有与平凹的对话录；例文选择别具匠心，分析文字则深入浅出，颇中肯綮，对话则内容丰富，是专业性非常强的一本书。

冯有源先生是"一头沉"教师（夫妻两地分居），为解决家属户口曾到山西任教多年，后来重回陕西母校西北大学任教。鉴于冯老师家庭负担重，贾平凹不愿在《平凹的艺术》一书上署名并分享稿费，但冯有源先生坚持与平凹共同署名共享权益，因此《平凹的艺术》堪称冯有源先生与贾平凹的合璧之作和友谊的见证。

不幸的是，2013年，在我们大学毕业30周年聚会前夕，正在我们期盼着和冯老师等恩师欢聚的时候，冯老师因积劳成疾不幸去世，令我们这些学生哀恸不已。

李星是原《小说评论》主编，著名文学评论家。李星肤色黝黑，撰写评论每每秉笔直书，参加作品座谈会也是畅所欲言，有称肯，也有批评，加之说话底气充足，高喉咙大嗓，因此有"文坛黑脸包公"之称。对此，贾平凹在《李星》一文中有所记述：

 我和李星在上个世纪七十年代就认识了，近三十年来，我们曾经生气过，也红过脸，但到了现在，竟然脾性相近，审美相同，想来真是一种缘分和幸运。我们始于以文成友，成于以友论文，未沉沦为权力和酒肉之朋，这得益心向往之却不多走动，没有太随便（文人相处一随便就从此不谈文学了）。……

 我初学写作的时候，意气勃发，欢得像空地里的树苗子，见风施长，他天生来的评论家气质，典型的年轻时不见年轻，年老了不显年老的形象，黑个脸，老成严肃。他一直在关注着我，给过我很多鼓励，但更多是眼光在寻找我的短处，或愤然不满，或恨不成器，但他从没有讥笑和作践过我……对他的批评虽脸上挂不住，有过尴尬，可总是当面不服背过身服，口上不服心里服，越挨批评越去请教，背了鼓寻槌……

 创作和评论是自行车的前后两个轮子，当路遥、忠实等我们这一茬作家起根发苗时，陕西文坛正活跃着一批评论家，李星就是其中一员大将，他们为陕西的文学事业作出了非凡的贡献。九十年代后，评论家的阵营里有的死去了，有的因种种原因写得少了或搁笔不写，而李星，依然在那里坚挺着，且视野更加开阔，见解越发独到，超越了地域，声名远播,已成为国内大影响的评论家。他的思想绝不保守,但却又沉住气,这令我佩服至极。他广泛接触着文坛上的各层次各年龄段的作家,他当然给许多人说过好话,从说话的角度上、语气上你能看出他的善良,生怕挫伤了人家的积极性,而原则性的问题绝不含糊,保持着一个批评家的道德底线。……据我所知,在许多文学活动的会议上,但凡他发言,会场便一片肃静,大家都要听听他是怎么说的。……

我和一些作家私下里谈过,同样是从乡下进城的人,同样居住在边远的西安,李星的思维为什么就那么开放,那么多的见解又是怎么形成的? 每次见到他,他总是眼充红丝,给我们推荐有了什么好的书,文坛上新冒了一个什么作家,某某的近作又怎么样。他的不断的学习和阅读的广泛让我们这些写作者吃惊。……

据说当年路遥的长篇小说《平凡的世界》出版后,在一次全省创作研讨会上,李星曾指着会议室的窗户对与会的陈忠实说过一次狠话:过两年你再拿不出《平凡的世界》那样的大家伙,你就从这窗子跳下去吧。贾平凹一路走来与李星的星光照耀和批评也是大有关系的。前几年,在《高兴》座谈会上,李星拿出近万字的评论文章,说他花了好长时间几易其稿,得换一幅平凹的字做酬劳,贾平凹嗯嗯着答应。《古炉》

杀青后，平凹送《古炉》手稿复印件请李星评论，李星看了一遍后，经平凹同意，应我之请，将《古炉》手稿复印件交给我欣赏，我看完后交还给他，他说他还要再读一遍，才能写东西。读完第二遍后又与贾平凹对话后，才写文章，可见他的严谨作风和负责精神。

贾平凹文学艺术研究院成立时，他被选为院长，从此他多次拖着臃肿的身躯，迈着年迈的步子出席该院组织举办的"贾平凹邀您共读书"和"贾平凹大讲堂"等多次活动，或作主旨发言，或主持评点，或为该院所聘的副院长、首席研究员、研究员、读书大使等颁发证书，为推动贾平凹和当代文学研究以及全民阅读做出了极大的贡献，"贾平凹邀您共读书"和"贾平凹大讲堂"成为陕西省全民阅读的品牌活动，贾平凹文学艺术研究院也多次获得陕西省全民阅读先进单位称号。

李星先生虽是黑脸包公，令人敬畏，但他没有架子，待人亲和。起初见他，笔者敬而远之，他却笑着喊我的名字，久而久之，就越来越亲近。

韩鲁华是西安建筑科技大学人文学院副院长（贾平凹任院长），当代文学研究中心主任、教授。二十多年来他一直跟踪研究贾平凹及其作品，对贾平凹的长篇小说尤为关注，针对贾平凹的长篇均有长篇大论，著有《精神的映像——贾平凹文学创作论》《穿过云层都是阳光：贾平凹文学对话录》，他还多次参与组织贾平凹作品研讨会,同时征集整理有关贾平凹长篇小说的评论文章,主编出版了《〈秦腔〉大评》《〈高兴〉大评》,可谓贾平凹小说研究专家里中年一代的代表。此外,作为贾平凹院长的助手,他还协助贾平凹邀请王蒙、熊召政、王德威、王一燕等名家给学生授课,培养文学青年。

他的重要论文《贾平凹文学创作与中国传统文脉的承续》,追朔了贾平凹文学创作思想的来龙去脉,而《我与贾平凹研究——龙窝读书会〈贾平凹文学对话录〉新书分享会上的发言》则道出了他研究贾平凹的历程。他的此类文章不仅有较高的学术价值,也有不可替代的史料意义。

孙新峰是宝鸡文理学院中国语言文学系副教授、陕西文学研究所贾平凹研究室主任,著有《贾平凹作品商州民间文化透视》《贾平凹及其文学的文化意义新探》。

王一燕博士是四川人,四川大学毕业后负笈留洋,现为澳大利亚悉尼大学中国研究系教授,著有《贾平凹研究》(英文版)。笔者曾在西安建筑科技大学听过她的演讲,读过她的论文,并有感而发,草成《大土大洋的贾平凹——与王一燕博士商榷》一文。

再说社会派,前面已写到的孙见喜堪称领军人物。在为他人做嫁衣裳的同时,孙见喜的贾平凹研究不断结出硕果,先后写作、出版了《贾平凹之谜》《鬼才贾平凹》《中国文坛大地震》《危崖上的贾平凹》《贾平凹评传》（与李星合著）、《贾平凹前传》（3卷）。

20世纪90年代初四川文艺出版社出版的《贾平凹之谜》一版再版，受到广大读者的热烈欢迎和舆论界、评论界的普遍好评，先后有《文汇报》《光明日报》《新闻出版报》《书讯报》《陕西日报》等二十多家报刊发了书讯或书评，该书还分别被《西安晚报》和陕西人民广播电台连载、连播。中央文史馆馆长、著名作家萧乾写信给作者说："深感这是一本不平凡的著作，写得真实亲切，文笔有平凹同志的韵味，……我祝你写下去，传之外，也要写写论，你写这书，使人们更了解这一奇才，功绩很大。"海内外从事贾平凹研究的专家学者也索要该书，他们很看重该书的资料性和文献性。而对广大读者尤其是青年读者来说，更喜欢从中探寻平凹从普通的农村孩子成为著名作家的历程，或受到启迪，或汲取奋斗的力量。

关于该书的文体，有人说是传记，有人说是纪实文学，还有人说是报告文学。孙见喜个人认为都不是。如果硬按已

贾平凹之谜

孙见喜 著

四川文艺出版社

有文体划分的话,当接近于"传论",但也不是传统的传论。因为该书中穿插了好多逸闻趣事。孙见喜认为,一个作家的成长,直到他写出优秀作品,其过程是复杂的,不只是读了几本什么经典著作就能写出好作品,也不仅是点灯熬油、经年苦干就能磨出"绣针"。作家的成长既得益于自身的经历,也与作家性格气质有关,当然也有社会条件等一些客观因素。故该书试图立体地、全方位地来表现贾平凹从一个寻常的放牛娃到名人名家的成长过程,让读者窥探到一个作家成长的多种因素。平凹是一个很奇特的作家,故只能用一种独特的文体表现之。

当然,该书也不是完美无瑕,也有其不足之处。如有的细节写得不那么生动,有些情节也失之过粗。著名文艺理论家季红真也指出:"这本书对平凹于艺术苦苦的追求,仍然写得不够。"就该书第一部而言,传的成分多,而论的成分少，理论深度还不够。对此，孙见喜也是有清醒的认识的。

《贾平凹之谜》出版后，国内一些理论家如王仲生、韩鲁华等开始撰写贾平凹专论。孙见喜自己也开始了《贾平凹之谜》（后定名为《鬼才贾平凹》）第二部的写作，聚焦平凹1987至1992年五年间的生活创作经历。第二部的可读性或许不如第一部那么强，但"论"的分量则要比第一部大大加强，反映了孙见喜对贾平凹及其作品更新的认识和更深的品察，从而使平凹的创作特点和规律得到了更明晰的凸显和更深刻的勾画，进而映现出中国当代文学发展的现状和趋势。这是孙见喜多年潜心研究成果的荟萃，也是孙见喜对文艺界朋友和老前辈以及广大文学爱好者的厚爱和期望的回报。

孙见喜研究贾平凹的成果，集大成者是花城出版社出版的三卷本《贾平凹前传》。在《贾平凹前传》研讨会上，贾平凹对孙见喜的为人和创作、研究给予了很高的评价，兹引主要内容如下：

一、我祝贺孙见喜先生的这部著作出版。作为他书中的传主，我感谢他，佩服他，向他致以兄弟、朋友、同志、读者的敬礼。

二、孙见喜是一个有着独立精神的人，一个有着高品位

审美层次的人。他善良又充满趣味,生活道路曲折而坚韧不拔。是有着丰富想象力和给文字赋予活力的作家,又是思维开放、知识面广博、有着非常理性的批评家。

他几十年来关注我,追踪我,研究我,这是我们的缘分,也是时代的撮合。新时期文学从开始到今天,我们因为对文学的追求一同走了过来。我的创作道路曲曲折折,坎坎坷坷,毁毁誉誉,而他写我,也同样曲曲折折,坎坎坷坷,毁毁誉誉。但我们走过来了。回首往事,感慨万千。他来写我,对我来说是幸运,对他来说是冒险。这其中,我并不是完全能与他配合的。我给他说过一句话:你要写我你就写吧,我别的不给你允诺,但我要尽最大的努力好好写作,力争使你的研究不至于变成一堆废纸。正是在这种信念下,我创作的步子没敢停下来,我的创作有这样那样的缺点和不足,但我竭力去突破,去变化,要往前走。

三、孙见喜是一个做事十分认真严肃的人,他的这部书分别以短文发表时，我差不多都看过。大的事件，凡是他写到的，都是他曾经参与过的。小的描写，又全是他平日的观察积累。他有独立的人格和见解，又有着以自己创作所得来的体会来分析我理解我而准确表达的职业道德和职业水平。

四、孙见喜是与我同时代的人，同乡，同样搞文学创作，他又是陕西作家中最关注理论，最能关注国内外一切文学动态的，这是他写这部书的极有利的条件。我是一个还很普通的作家，他写我并不是要拔高我、无原则地吹嘘我，尤其写到一定程度后，他的这种意识越来越明确，就是重笔写新时期文学的大背景、大脉络，而大背景、大脉络下的我已不完全是我，却是以我来折射这一文学时期的社会状态，文学状态。这部书，可以说是中国新时期文学过程的大记录。

五、每一部作品之所以有价值，在于有它的事实和看法，没有事实的看法是无用的，没有看法的事实也无用。此书在这两方面的内容都有，这也决定了它的长处和特点。

六、如果说不足，因许多现实问题，人际关系问题，政治问题，没有写到一些大事，或写到了没有写出更隐秘、更内心的精神上的痛苦和烦恼，那种一直让我充满紧张感的东西未能写充分。这其中有孙见喜的认识和无奈，也是我在一些问题上不愿配合所造成的。

以上几点，正是我敬重孙见喜的基本原因。在我几十年的文学生涯里，每一时期我都有着朋友和熟人的圈子，有些朋友一以贯之，并且愈来愈成了诤友，有的则随着岁月渐渐疏远或分手。孙见喜与我交往时间最长，争吵最多，友谊也最深。

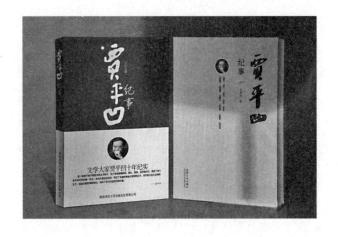

笔者与贾平凹有缘，20世纪70年代末就读于他曾就读过的西北大学，毕业后与他生活在同一城市并供职于他曾工作过的出版社，在工作岗位上也编辑过《平凹游品选》，业余策划编选过《贾平凹游品精选》《坐佛》《贾平凹书画》《做个自在人——贾平凹序跋书话集》《西路上——贾平凹手稿珍藏版》《贾平凹文集》（20卷），此外编纂过《多色贾平凹》《贾平凹谜中谜》等图书，因此，与贾平凹结为书友。之所以称之为

书友，是因为我们的交往以书为媒，既读他的书，也收藏他的书。由于我爱好文学，又在出版界供职，所以有兴趣、有机会搜罗贾氏著作，搜罗的渠道主要有三：其一，贾氏送的或从贾处要的，如《爱的踪迹》《当代名画家精品集·贾平凹》等；其二，同行、友人送的或从同行、友人处蹭的，如《贾平凹小说精选》《贾平凹短文》等；其三，购得的书或出版社赠的样书，如《病相报告》《贾平凹书画》等。在此，谨向以书馈我的贾平凹、孙见喜、何丹萌、孔明、金平、朱玉、朱文鑫、鲁风、木南、马河声、高尚、全玉玲等先生和女士致以衷心的感谢！

也许受孙犁、唐弢等作家、出版家的影响，自从 20 世纪 90 年代以来，每当我以各种方式收获到贾平凹的著作或有关图书时，便趁会访平凹之际，请他签名。平凹来者不拒，每每为我签名，并写有"指正""雅正""存正""存念"等语，有的还题辞，比如在《霓裳》的扉页上写道：真正的假书。节假闲余，夜晚灯下，翻阅把玩，不禁思绪纷飞，有时便在环衬上、扉页上或空白书页上留下了有感而发的文字。

在书友的基础上，渐渐向文友发展，与贾平凹结为文友，也就是说就贾平凹的读书、出版、创作诸方面与其开展交流对话，并在此基础上创作出版了《贾平凹打官司》《书友贾平凹》《真话真说——贾平凹图书策划编辑纪实》《〈秦腔〉大合唱》《一部奇书的命运——贾平凹〈废都〉沉浮》《贾平凹纪事》(1990—2000 年)、《贾平凹纪事》(2000—2010 年)、《策划贾平凹》。其中《贾平凹打官司》是记述《霓裳》等书侵犯贾平凹权利，贾平凹祭起法律武器捍卫权利的过程。《书友贾平凹》主要记述贾平凹读书、写书、出书等情况。《真话真说——贾平凹图书策划编辑纪实》《策划贾平凹》分别记述策划编辑《平凹游品选》《贾平凹游品精选》《坐佛》《贾平凹书画》《做个自在人——贾平凹序跋书话集》《西路上——贾平凹手稿珍藏版》《多色贾平凹》《贾平凹谜中谜》等图书以及写作《贾平凹打官司》等作品的经历。《〈秦腔〉大合唱》《一部奇书的命运——贾平凹〈废都〉沉浮》先后实录了贾平凹最重要的两部作品《秦腔》《废都》创作、出版的坎坷过程。《贾平凹纪事》(1990—2000 年)、《贾平凹纪事》(2000—2010 年)则以断代史的笔法先后实录了 20 世纪末至 21 世纪初贾平凹的人生经历和创作历程,这是贾平凹人生最重要的创作阶段。

媒体派主要有章学锋、王锋、狄蕊红。章学锋是《西安晚报》文艺部副主任、资深记者,也是位作家,著有《小记者》《秦商史话》《西商口述史》等书,他不仅追踪采访贾平凹文学活动并写有大量报道,而且提倡真诚的文学批评,提出了文艺批评不能只"评"不"批"的观点,颇有见地。

他指出,批评家"批"得准了、狠了,"评"就会更精彩。从小处说,对创作者的作用和意义会更大;从大处说,提高公众审美、引领社会风尚的效果就越明显。要扭转只"评"不"批"的流弊,需要每位批评家打磨好批评的"利器",把好文艺批评的方向盘,用尊严来还原批评的战斗力,拿出"剜烂苹果"的胆识和勇气,说真话,讲道理,实事求是地对作品褒优贬劣,激浊扬清。

贾平凹的铁杆粉丝们

要说贾平凹著作铁杆之铁，收藏成果之多，当属在陕西咸阳信合供职的赵坤。赵坤的网名是"听雪主人"，一个爱书如命的当代文学图书收藏家，贾平凹作品收藏专家，可谓贾平凹作品收藏第一人。他收藏贾平凹作品各种版本达600多种，其数量之大，品质之高当无人能及，曾是贾平凹作品版本收藏研究会会长，也曾是"平凹版本"群的群主。

前几年，北京首都钢铁公司的朱文鑫来陕，贾平凹文学艺术馆馆长木南安排了一次聚会，笔者应邀参加，由此认识了赵坤等贾平凹作品版本收藏研究会会员。也许因为有共同的爱好，我们一见如故甚至相见恨晚。从此，笔者只要有时间便参加贾平凹作品版本收藏研究会的活动。在活动上，赵坤介绍贾平凹以及当代陕西主要作家著作收藏情况，他送给我毛边书《老生》，我也回赠过港版《秦腔》。他还收藏了不少贾平凹著作外文版,我曾从他那里以优惠价买到法文版《古炉》,是我收藏的首本贾平凹法文版著作。

曾在微信朋友圈中看到,赵坤在一书摊上偶遇陈忠实签名书,摊主和他是十几年的老朋友,见他喜欢,就主动把签名书送给了他。赵坤要给摊主钱,摊主死活不要,还说:你爱书,送给你,文人谈钱就俗啦。赵坤见状,无可奈何,就去买了两包香烟送给摊主,说:你爱抽烟,这两包烟送给你吧! 礼尚往来,皆大欢喜。

贾平凹第十六部长篇小说《山本》出版后,赵坤通过网购率先得书,先睹为快,他在平凹版本圈里写道:人间最美四月天,最美不过读名篇。在这春天里,在这阳光下,在这兴奋中,贾平凹老师最新长篇小说《山本》今日到书! 其兴奋心情溢于言表。适值贾平凹六十六岁寿辰,他在贾平凹作品版本收藏研究会群里发红包,以示庆贺。他还通过关系组织购买《山本》,以六八折为贾平凹作品版本收藏研究会会员提供优惠《山本》。同时转发陈思和、王春林等评论家及贾平凹作品版本收藏研究会会员关于《山本》的评论文章和读后感,供大家读书时参考。

贾平凹是中国当代创作产量最高的作家,出版图书的数量也是首屈一指,各种版本层出不穷,要想收藏齐全实非易事,但赵坤却千方百计、想方设法最大限度地收藏着贾平凹的著作。赵坤不是为收藏而收藏，他的收藏是为了与"凹友"们分享，进而与广大读者分享。他在"平凹版本"群中经常晒自己收藏的以贾平凹著作为主的当代作家著作，与大家交流收藏的心得体会。目前，在收藏的基础上，他正在编辑贾平凹版本方面的图书，以便与更多人分享自己的收藏成果。但愿该书早日出版。

陕西省外收藏贾平凹著作最多的当属北京首都钢铁公司的朱文鑫。他的收藏成果之一是《收藏贾平凹》一书，经笔者推荐，2002 年该书由三秦出版社出版，书中收录了贾平凹1977—2001 年在中国大陆出版的八十九个版本的图书，每个版本有书影、版权页和解读文字，此外还将港台地区及海外出版的著作的封面列入附录中，还附了贾平凹研究相关著作目录、贾平凹被侵权的著作目录、贾平凹答朱文鑫问等，被著名评论家白烨誉为"研读贾平凹所应必读的一本书""研究贾平凹著作最为好读的一本书"。

在该书中的《自序——收藏贾平凹》一文中，朱文鑫自述收藏贾平凹的艰辛有趣和令人感动的历程：

1983 年春天，我去王府井书店买书，发现一本淡蓝色装帧的书，贾平凹的第一本散文集《月迹》，小 32 开，由百花文艺出版社出版。我随意翻了几页，便被作家细腻、纯朴、清新的文笔和浓重的美文品格所吸引，于是便买下了。回家途中我看这本书，竟入迷到坐过了地铁站。之后的几天，贾平凹的作品占去了我大部分读书时间。从此，每次去书店书摊，我都留心贾平凹。十几年来，先后淘到《商州三录》《晚唱》《守顽地》《贾平凹散文大系》《商州：说不完的故事》及《贾平凹文集》等贾平凹著作86卷册……记得1992年陕西人民出版社出版了一套贾平凹小说、散文精选集，获得信息后，我冒昧写信给这套书的责任编辑孙见喜先生，恳求邮购。不久，一份厚厚的挂号邮件放在了我的办公桌上，待我小心翼翼拆开一看，一本装帧精美的书呈现在眼前。随即我生发了由收集至研究贾平凹作品的兴趣……将自己评价贾平凹作品的文字寄送报刊，并将发表样报及创作构想告知孙、贾先生，以求指正，书信电话来往不断。孙、贾先生也常常将自己新责编或出版的书送我存读。真是以书交友、以书结谊呀！

收藏贾平凹苦乐有之。一次，妻交给我200元人民币去买件像样的裤子穿，我高兴地来到古城星座商厦。下车后，刚要进商厦的门，却被商厦临窗的一部《贾平凹文集》吸引了，当即掏出158元钱拎走了，回去后自然惹得妻子不快。贾平凹曾撰写96篇关于石头的美文，取名《小石头记》，出版后曾一度热销。那时，家母病逝，我忙前忙后。事毕，我冒着酷暑跑遍京城图书铺，均未找寻到"石头"的影子。于是我连续半个月四上六下打长途电话至花城出版社,在该书责编钦伟先生的帮助下,终于淘到这本装帧极美的《小石头记》!

　　的确如此,鉴于朱文鑫收藏贾平凹作品的执着,笔者曾将自己责编或编选的贾平凹著作寄赠给他,也替他优惠代购过《贾平凹文集》等图书。出差到北京,承蒙朱文鑫到宾馆看望笔者并送新出版上市的《贾平凹研究资料》,还寄赠过《秦腔》插图本等贾平凹著作,不仅使笔者先睹为快,而且给笔者的读书和写作提供了方便,这份友情笔者是终生难忘的。

　　朱文鑫收藏研究贾平凹成果之二是2001年作家出版社出版的《解读贾平凹》,在书中,他对贾平凹的著作进行了更为详尽的分析和解读。

　　在河南安阳钢铁公司,有个铁杆贾迷叫李耘,是位高级工程师。他酷爱文学,尤好贾平凹作品。他专程从南阳跑来西安参加贾平凹作品版本收藏研究会组织的活动,交流心得,建言献策。《山本》出版之际,时值贾平凹六十六岁大寿,他在贾平凹作品版本收藏研究会微信群里发红包,以示庆贺。还是听听他在《我是铁杆贾迷》一文中的自述:

　　我是个老陕,临潼人,大学毕业后来到中原工作。上学学的是理工科,骨子里偏偏喜欢文,搞的是黑不溜秋的钢铁,偏偏喜欢"拈花惹草"、舞文弄墨。业余学文,文上最爱陕西文学,更爱老贾,爱得死去活来,爱的黏麻咕咚。所以,如果有人问我身份,答曰:铁杆贾迷!

我经常感觉能和贾公生活在一个时代是我的幸福。我是读书的,他是写书的,我迷他迷得狠,而他又不断地写了新书让我读,一晃三十多年过去,我由一个十几岁的中学生读成了一个五十出头的老书痴,他由一个青年作家写成了年过六旬的伟大作家,我们一直相伴,不离不弃……

我结缘贾公是从上初中开始的,班上有几个喜欢读书的同学把村子里几本破旧不堪的小说来回传着看,那时刚刚粉碎了"四人帮",新时期文学开始"破冰",但是咱村子闭塞,外面的文化信息只能从生产队的高音喇叭里听到一些:某某写了啥啥引起轰动,某某又得了个啥奖。咱们这些小孩子羡慕得直咂嘴。直到有一天,我的一个作文写得特别好、后来转学到陕南的同学回来说:"咱陕南出了一个文学天才,叫贾平凹,小伙子文章写得好得不得了!"你不知道我们当时眼睛睁得有多大,那个惊讶啊,那个羡慕啊,没法用语言形容!

后来我上学进了城,眼界宽了,能够见到的书刊也多了,我逢贾公的书就买,逢报纸杂志就翻,搜寻贾公的文字。每有收获,喜不自禁,他的每一篇东西,无论大小、长短,无论小说、散文,都能让咱喜悦和滋润一段时间。那种日子是神仙过的日子,那种感觉妙不可言!

我喜爱贾公文章,喜爱的是他天生的灵性和对天地万物的独特感悟,一件普通事物到他笔下都能写出人人心中有,人人笔下无。喜欢的是他独步天下的文风,自自然然的、从从容容的,像山涧小溪、林间清风,不矫揉做作、不居高临下、不故弄玄虚、不故作深沉、不哗众取宠,字字句句都是天籁之音。喜欢的是他对家乡、对百姓、对社会的深爱和悲悯情怀,他看事看物不媚俗、不奉迎,既充满独立精神又敢于担当、勇于承受。

......

说到贾公书籍收藏,全是无意为之,无非是喜爱就不愿舍弃,日积月累,家里书柜、茶几以及能放书的地方都是书,书柜里十有八九都是贾公的书,或者和贾公有关的书。滚滚红尘,纷繁尘世,我收藏着贾公,贾公收藏着我。

在孔子的故乡山东,也有一位贾平凹的铁杆粉丝,他的名字叫陶北,笔者记得曾寄过所编的贾平凹著作给他。他和文彦群等"凹友"也有来往,在题为《来自西安的珍贵礼物》的文章中,陶北写道:

10月11日,我收到了西安著名凹友文彦群君的特快专递。我迫不及待地打开,里面是一本西北大学现代学院和中国散文研究所编辑的内部刊物《散文视野》创刊号——2006阳春卷;书中夹着一盒电视纪录片——《〈秦腔〉》后记》(DVD)。这是一份意料中的惊喜。自从接到文彦群君的两通电话,知道邮件已经寄出后,我就开始了坐立不安的期待。担心邮件会在途中发生意外,丢失或被损坏。现在,当邮件终于安然无恙地来到,心里别提多么高兴了。

　　我和文彦群君没有见过面,是在"贾平凹之友"论坛上相识的。我们都是贾平凹先生的粉丝。那时网站刚刚开办,论坛里除了王娜、孔明、杨莹等几位管理员,很少有人光顾。我在百度上偶然搜到这个网站后,立即加入,并给站长和"斑竹"们提了些意见和建议。

　　有一天,我接到了一封站内短信,署名文彦群。他兴奋地告诉我,孙见喜先生召见,并把孙先生的电话号码和邮箱地址告诉了我。但那时,我恰巧搬迁,上网不太方便,而办公室的机器不知什么原因,进不了论坛,只好写了封电邮婉拒了担任"斑竹"的邀请。

　　之后,我上网时间锐减,但每次都会去论坛看看。虽然很少登录回复,但文彦群君的帖子我差不多都看过。我发现,他是一位比我还要狂热的凹友,而且是上过电视、报纸的著名凹友。我非常羡慕他住在西安,生活在贾先生的身边,已经与贾平凹的朋友成为朋友。而且不时能亲睹贾先生神采，亲聆先生谈笑。

……我早前获悉，木南先生专门为《秦腔》拍了纪录片，一直很想得到，便向文君询问购买纪录片的事，没想到文君十分爽快，当即答应将他参加贾平凹文学艺术馆开幕式时刚刚得到的 DVD 一起寄给我。

我把 DVD 放入机器，过去通过文字已经熟悉了的贾先生的故乡棣花镇的画面，在贾先生深情朗读《〈秦腔〉后记》声中一一呈现，不知不觉地，我流下了泪水。

笔者所知或有所交往的全国各地"凹友"还有四川文艺出版社原社长金平，广东人民出版社总编辑金炳亮，辽宁省宽甸县的王允科，江西省九江市的张和珍（珍珍），陕西省林业系统的姚敏，贾平凹作品版本群里的卫民、胡青峰、鲁风、何丹萌等，他们以收藏和阅读贾平凹为乐，收藏贾平凹的作品甚至成为他们生活的一个重要组成部分。

据悉，有签名的贾平凹著作要比作品原本的定价翻一番，甚至几番，一度定价十余元的《废都》，签名本曾卖到百元以上。也曾有报道，香港一读者竟用价值上万元的高级相机交换一本有作者签名的《废都》，由此不难窥估贾平凹及其作品的身价。

"写作机器"和"假平凹"

　　据不完全统计，贾平凹迄今已出版了上百种著作，摞起来足有两米多高，早已超出他这个"矮小的巨人"的身高了。按说著作等身，成了大名，稿费丰厚，身兼政协委员、人大代表、文联主席、《美文》主编、名誉教授诸多荣誉和社会职务，也够风光和忙碌的了，况且身体不太好，该歇歇笔了。但令人惊奇的是，他的创作欲望却随着年龄增大而更加强烈，与单薄的身体形成反差的是其作品的日益丰富，尤其是近年来，几乎每一年一本散文集和小说集，两年一本长篇小说问世，被人们誉为"小说快手""写作机器"，堪称当代文坛的一大奇迹。

　　1998年10月，全国第九届书市在西安举办，陕西出版界和文学界联手在书市上推出了陕西作家书架，贾平凹当然占有重要的一席。他对书市寄予厚望，不仅参加在咸阳召开

的书市座谈会,献计献策,而且在首期书市报上题词:书市是作家和读者的节日。在金秋全国书市这个盛大的节日里,贾平凹为读者奉献出新的精神食粮。尚未降温的贾平凹作品再次成为热点。

走出高老庄

长篇小说新作《高老庄》经过三个月的封闭写作方才定稿,最后由太白文艺出版社编辑室主任孙见喜、副总编段宪文负责编审。这虽已是贾平凹的第七部长篇,但在陕西出版贾氏长篇小说却是头一回。

《高老庄》的构思始于 1997 年。下半年贾平凹完成了写作筹备，即列提纲，在笔记本上打草稿，其字小如蝇头，难以辨认，并于当年秋冬之际拿出初稿。1998 年初，经过多次磋商，贾平凹与太白文艺出版社签订《高老庄》出版合同，稿酬按版税 10% 结算，一版印数为二十万册。随即，贾平凹住进出版社为他在西开发区新纪元宾馆租下的一间房里，开始了第二稿、第三稿的写作和修改。写作期间，贾平凹也偶然在宾馆会见亲朋密友，处理急事，或接母亲、姨妈拉家常，洗洗澡，以尽孝道。宾馆里的饭菜贵而不合胃口，他几乎吃遍了周围的小吃，偶尔也有朋友做他喜欢的素饺子、浆水面送去。6 月初，他终于完成了《高老庄》的写作，回到了西北大学的寓所。

长达二十七万字的《高老庄》取材仍是来自于商州和西安，时间跨度仅一个月。故事发生于男主人公子路携妻西夏（女主人公）回高老庄为先父操办三周年祭祀活动。子路这位在城市生活了多年的知识分子返乡后，很快被其乡的旧习俗同化了，又回到了他走出高老庄前的那种思维模式，最后他的身躯虽"走出"高老庄，但精神却"回到"了高老庄。在西夏这位生长在都市的画家眼中，她丈夫身上反映出传统文化的一种惰性，由此引发文化思考，那就是人种的退化，文化的退化，进而呼唤一种新生的、充满活力的、新的人文精神，呼唤改革。

关于《高老庄》书名的命名缘由，贾平凹说，《西游记》里有个高老庄，家喻户晓。而他笔下叙述的是在文化、人种等方面相对封闭的高老庄里的人和事，实则在写当代中国的现实生活。

据孙见喜说，1998年5月底《高老庄》审稿完毕，6月发排，在第九届书市前出版问世。届时，举行了首发式暨签名售书，还召开了较大规模的作品研讨会。又悉，在出书的同时，上海《收获》分两期连载《高老庄》。

书画、文集接连面世

如果说《高老庄》是贾平凹在陕出版的第一部长篇小说，那么《贾平凹书画》则是一位中国当代作家在全国出版的第一本书画集。

在自序中，贾平凹回顾了自己的书画之路："我的字被书法了是80年代中期。那时，我用毛笔在宣纸上写字，有了一种奇异感觉，从此一发不能收拾。我的烟也是那时吸上瘾的。毛笔和宣纸使我有了自娱的快意，我开始读到了许多碑帖，已经大致能懂得古人的笔意，也大致能感应出古人书写时的心绪。从那一阵起，有人向我索字，我的字给许多人办过农转非、转干、调动的好事，也给许多人办过贿赂、巴结、讨官的坏事，我把我的字看得烂贱如草，谁要就给谁写，曾经为吃得三碗搅团写过一卷纸哩。""但是，被人索字渐渐成了我生活的灾难，我家无宁日，无法正常地读书和写作，为了拒绝，我当庭写了启事：谁若要字，请拿钱来！我只说我缺钱，钱最能吓人的，偏偏有人真的就拿钱来。天下的事有趣，假作真时真亦假，既能以字易钱，我也是爱钱的，那我就做书法家呀！"

结果贾平凹的字频频出现在书报刊中，有的是他的书或有关写他的书中的插图，如《鬼才贾平凹》《中国当代才子书·贾平凹传》《平凹的佛手》等，有的在报纸中选用，有的在杂志上辟专栏介绍。此外，在西安大街小巷的一些店堂上也出现贾平凹手书的匾额，如北大街的"天德书屋""鸿福达美食店"等。至于书画店里也到处都有明码标价的贾平凹字画。于是，《贾平凹书画》酝酿多年终于付诸编辑出版。

《贾平凹书画》选用书法上百幅，绘画数十幅，书名由贾平凹题写。在书市上与读者见面时，举行了首发式暨签名售书仪式，盛况空前。

陕西人民出版社出版的《贾平凹文集》是迄今贾平凹作品集大成，因故除个别作品未收外，他的大多数优秀之作均囊括其中了。洋洋十四卷，六百多万字，是规模最大的当代中国作家文集。

早在 1995 年,由评论家雷达主编的《贾平凹文集》8 卷已经问世,以题材、审美与文体三种类型打乱交叉编组的方式,分为"浮世""世说""寻根""侠盗""野情""灵怪""闲澹""求缺"8 卷,除最后二卷全系散文外,其他各卷长、中、短篇及诗歌、散文混编,眉目不太清楚。加之此书印制得不理想,后来发行又被书商操纵,迟迟未兑现稿酬和样书,令贾平凹不快,一版售完后再未印刷,至今已难见到了。

这次由贾平凹作品语言研究专家王永生编的《贾平凹文集》一反过去杂乱、零碎的编法,按体裁分类编年法将贾平凹作品系统地编为短篇小说三卷、中篇小说四卷、长篇小说三卷、散文四卷,较为全面地再现了贾平凹创作全貌,不仅适合广大读者的阅读欣赏习惯,也为研究者提供了一个完整的版本。书前附有作者书画作品。著名评论家李星为全书作序,王永生写有前言。

贾平凹对《文集》的编辑出版投入了很多精力,除和编者一块甄选篇目,还对装帧设计予以了协助和支持,应约为封面题写了刘邦《大风歌》中的诗句:"大风起兮云飞扬,威加海内兮归故乡。"其中去掉后句中的"兮"字,共十四个字,正好十四卷,一卷一字。同时嘱设计者在书后标出《大风歌》原句时,将第二个"兮"字作口处理,以隐喻未收某部作品(即《废都》)。可见其用心良苦。

贾平凹成名早,从 20 世纪 80 年代初开始为他人作序,或以书评、书话、读后感等形式评论历代作家作品。同时他为自己的书写的自序和后记或跋也洋洋可观。这些序跋书话以其高质巨量已成为贾平凹创作的重要组成部分,是其才识的结晶,不仅堪称才气横溢、文笔洒脱的美文,而且具有真知灼见和精辟论断,蕴含着极为丰富而鲜活的美学思想和艺术观点,其创作规律的发展变化于此亦可见一斑。因此,贾平凹的序跋书话日益受到愈来愈多的广大读者的喜爱,甚至有"散文胜于小说,序跋优于散文"之誉。但遗憾的是迟迟未有一本贾平凹的序跋书话集问世。

在征得贾平凹同意后,笔者从书报刊中将贾平凹序跋书话网罗编辑,集结成书,全书共收录 180 多篇,约 20 万字。书前有贾平凹代序,书后附有贾平凹著作目录,是首本贾平凹序跋书话集。已由内蒙古教育出版社于 1998 年出版。

继《贾平凹散文大系》之后,《贾平凹散文全集》五卷已编定,并交台湾金安出版社出版,这是贾平凹首次在大陆地区以外出版散文集。为了名副其实,不致遗漏,贾平凹不仅对篇目作了较大的补充,还写信给出版社编辑提供有关散文新作的发表或出版的线索,并对编排作了调整,还作了说明。

除上述作品外,1998 年作家出版社还出版了贾平凹散文新作集《敲门》,收录了《秃顶》《进山东》等作品,是贾平凹散文创作的又一收获。

盗版者狗尾续貂驴头要对马嘴

"陈谷陈糠陈忠实,假烟假酒假平凹"是时下文坛流传很广的一句话,它反映了贾平凹及其作品的版权被侵犯的严重程度。据不完全统计,贾平凹作品被侵权的竟达近20种,几乎占其作品总数的1/5。尤其自1993年以后,在贾平凹出版的十几种书中,除两本外,其余均遭盗版,这在当代中国作家中也是罕见的。侵权活动何以如此猖獗呢?究其原因有多种,但主要与贾平凹作品畅销有关。侵权者是以牟取暴利为目的,就拿盗版来说,近几年,几乎达到无畅销书不被盗的地步。而贾平凹近年来的作品连续畅销,自然难逃被盗的劫运。

贾平凹作品遭盗版的,既有小说,也有散文,其中以小说居多,长篇小说则最多,几乎每本都有盗版的。在大街小巷的书摊、书亭里,稍作留意,就会发现贾平凹作品的盗版本。有长篇小说《废都》《怀念狼》《病相报告》等,也有散文集《闲人》《五十大话》等。《闲人》是前几年作家出版社出版的《贾平凹自选集》(6卷本)中的一种,已再版多次。盗版本《闲人》改头换面,重新包装,封面大红大绿,封底袭用正版书中的书名和出版社名,但略去了"散文卷"字样,书号和条码的排法也与正版的不同。封底和版权页上的"责任编辑"和"装帧设计"驴头不对马嘴,印厂、印张、版次、定价均不同,版权页下方竟也照猫画虎地印着"版权所有,盗印必究"等字样,可谓贼喊捉贼了。

《废都》已禁销四五年了,但盗版本却屡禁不止,10年来,几乎每年都有几种盗版本抛出。据贾平凹讲,他已收集到《废都》盗版本50多种,有原版盗印的,有重新植字的;开本有大32开、小32开和普通32开。最新上市的盗版本的定价已非昔日可比,高达26.50元,超过原来的2倍,但可以搞价。最近在尚武门外的书摊上,笔者看到这种盗版本,封面色调偏蓝,印装粗劣,遂拣了一本,一边翻阅一边佯问:最低价多少? 答:13元;又问:10元咋样? 答:不行;又说:正版本才12元半,你这盗版还卖这么高。答:那你买正版去,看你在啥地方能买到正版。口气硬硬的,使人无言以对,心里蛮不是滋味。更使人哭笑不得的是《废都》被改名为《城人花心》《城市痞子》乔装一番后俨然贾平凹的新著招摇书市,蒙骗读者。近年风行书摊的《贾平凹短篇小说全集》和《贾平凹中篇小说全集》是背着贾平凹私自编印的。据贾平凹及其律师羿克说:这两本书是盗用中国文联出版社的《贾平凹文集》,将其中的短篇小说和中篇小说重编为两本包装后出笼的,而其版权页和《贾平凹文集》仍有惊人的相似之处,书前的序文也袭用了文集中的序,显得牵强附会。据初步调查,这两种盗用书的始作俑者仍是《霓裳》侵权案中的书商。据悉，贾平凹已委托律师对此进行调查取证，不排除诉诸法律。

前不久在书摊乃至书店还行销过一套上下两本的《贾平凹专辑》，出版者伪称宁夏人民出版社，印刷者伪称国营五二三厂。据贾平凹讲，他去信问宁夏人民出版社，该社来信说他们从未出版此书，五二三厂也否认印刷此书。此后，各种各样的贾平凹文集层出不穷地被炮制出来，诸如《贾平凹文集》《贾平凹作品集》，计有十几种，仅同名的《贾平凹文集》就有3种，一种汇集《废都》《怀念狼》《废城》《浮躁》4个长篇小说；一种封面要目为《怀念狼》《废都》《白夜》《浮躁》《高老庄》，实际上只收了前两部长篇，其他为中短篇，还有《我是农民》；另一种汇集了《病相报告》《废都》《怀念狼》和中短篇小说及散文。

遭受挂羊头卖狗肉的假平凹之苦

在盗版、盗用、伪称出版社、印刷厂之名偷印贾平凹著作的同时，一股假冒贾平凹姓名出书的歪风狼烟四起，先是署名"老贾"的《帝京》，继之为《霓裳》《世界不能没有女人》《废城》《欲城》《裸城》等。

据查，《帝京》是广东某部队某作家的狗尾续貂之作，内容相当于《废都》续集，书中人名多与《废都》的人名相同或相似，故事情节也是沿着《废都》结尾重推波澜的，很容易使人联想到这是贾平凹的作品。加之书商的刻意包装,在扉页上下端印着《废都》已是过去,《帝京》在"呼唤读者",中间配有3个作家谈论的照片,旁注:继《废都》《白鹿原》《骚土》后,3位作家在商讨书稿云云。该书的炮制者显然是个老手,善于打擦边球,署名"老贾",既能起到以假乱真之效,又不致被抓住把柄。此案至今仍悬而未决也说明了始作俑者的老奸巨滑。《世界不能没有女人》是去年下半年在海南书市上发现的,署名贾平凹,版权页上印有中国戏剧出版社出版、北京光明印刷厂印制、新华书店北京发行所经销等字样,定价19.80元。该书的红底封皮印着一身睡袍的妖艳女子。书是由上海朋友给寄来的。贾平凹已委托律师同中国戏剧出版社交涉,该社答复说此书是假冒该社社名出版的,他们也是受害者。这次出版社也尝到被假冒的苦果。书商不假冒别社而假冒中国戏剧出版社,当与中国戏剧出版社出版的《霓裳》假冒贾平凹之名是不无关系的。

《霓裳》一案是假冒贾平凹姓名影响最大的侵权案。1998年初已终审判决,赔偿贾平凹24万元。并由法院强制执行,被告中国戏剧出版杜、一二○一厂、北京南华印刷厂、北京新华彩印厂已支付赔偿费,书商曹华益和蒋和欣答应支付,但未全部兑现。在答笔者问时,贾平凹表示:我正为我的权益而工作着。

"人生来受苦，为啥还顽强求生"

——贾平凹的故乡情和根据地

　　大凡成功人士除了较高天赋、勤奋努力、贵人相助、亲人互帮诸因素外，还得益于故乡的哺育和滋润。就说作家吧，如果没有高密，就不会有莫言的《红高粱》；如果没有白鹿原，就没有陈忠实的《白鹿原》；如果没有陕北高原，也就难以产生路遥的《平凡的世界》；同样，没有商洛，也就不会有贾平凹的《商州》《商州三录》《浮躁》《秦腔》等一系列作品，贾平凹也就不会建构起文学的商州世界。

　　贾平凹的故乡是商州棣花，他生于斯，长于斯，在这儿生活了十九年。虽然因为"文化大革命"，他仅仅读完初中，但他接着在社会大学继续学习，尤其是在苗沟水库劳动时，因为好学上进脱颖而出，成为工地的宣传员，一人编写、刻印工地战报，练就一笔好文好字，为日后上大学、做编辑、搞创作奠定了基础。

贾平凹在离开故乡去西北大学上学路过秦岭时，虽然大喊一声"我终于脱了农民的皮"，但他大半生爱吃的还是糊汤面等诸如此类的家乡饭，魂牵梦绕的还是故乡的山山水水和父老乡亲，他每年都要回故乡若干次，走亲串户，和亲人们拉拉家常，与儿时的伙伴们话话桑麻，到父老乡亲家问寒问暖，同时积累创作素材。因为有了这些积累，他写出了《鸡窝洼人家》《腊月·正月》《商州》《商州三录》《浮躁》《秦腔》等一系列优秀作品。据其乡党文友何丹萌讲，20世纪80年代初，有一年春节的大年初二他去平凹家拜年，前一晚上平凹和家人拉家常睡得很晚，当地讲究初二拜丈人，平凹丈人家在棣花西街，平凹家住在东街，东街和西街有大约一公里左右的距离，他陪平凹去拜丈人，没走几步，平凹就说困得不行，就扶着何丹萌一边睡一边走，何丹萌听着断断续续的炮竹声，就念念有词：腊月过完是正月。平凹猛一激灵，问何丹萌说啥，何丹萌重复"腊月过完是正月"的话。贾平凹一边走一边喃喃道：腊月，正月，腊月，正月……，不久，他就创作出中篇小说《腊月·正月》，这篇作品后来获得了全国优秀中篇小说奖。

故乡棣花养育了贾平凹，也是他源源不断的创作源泉。贾平凹也深深地眷恋着故乡棣花，为故乡棣花做着自己应该做的贡献。他创作的一系列商州题材的作品，使偏僻的商洛日益为世人所知；他为宣传包括棣花在内的商洛，创作了歌词《秦岭最美是商洛》，经作曲家谱曲，这首歌不胫而走，商洛也通过这首优美的歌曲闻名遐迩；他为改造新建的棣花清风街、宋金街命名题字，捐献自己的文学、书画作品建立贾平凹文学馆、艺术馆、音像馆，为故乡棣花的文化旅游建设增砖添瓦。

2015 年 8 月 14 日至 15 日，贾平凹再次回到故乡，参加"贾平凹邀您共读书"——重走中国文学之旅·寻找中国最美乡愁·贾平凹故乡行、2015 秦岭生态旅游节·商於古道丹凤·棣花民俗文化体验节等活动。14 日晚，在"贾平凹邀您共读书"——重走中国文学之旅·寻找中国最美乡愁·贾平凹故乡行·贾平凹作品朗诵会上，贾平凹应邀讲话，他说：人生来受苦，但为啥还顽强求生，就是因为我们世间有阳光花果等美好的东西，有我们故乡的山水父老令我们牵挂，还有文学艺术给我们慰藉。国外经常举办作品朗诵会，近年来我们也慢慢搞起来，这对传播文学作品、扩大文学影响大有好处，也对提高人们的修养和素质大有好处。加之与读书活动结合起来就很有意义，造成一种爱读书的社会氛围，养成人们爱读书的习惯，提升全民族的素质，所以我是赞成支持的。作为丹凤人，也应该支持在家乡开展的读书文化活动，也是对家乡的回报。

在此次活动中,银河、杨莹、王芳闻等人激情朗诵贾平凹《我的故乡是商洛》《致关中平原》《致黄土高原》等作品。笔者和王立志、穆涛等人代表贾平凹文化艺术研究院向丹凤县图书馆等十家单位捐赠图书,为文化公益事业尽绵薄之力。

翌日,在棣花举办的 2015 秦岭生态旅游节·商於古道丹凤·棣花民俗文化体验节等系列活动中,在县委书记、县长致辞、介绍情况后,贾平凹应邀即兴讲述"印象棣花",他说:我是棣花人,生长在这里,直到十九岁,祖坟也埋在这里。我们都看到棣花变化大。世界变化再大,人的感情不会变,对棣花、丹凤和商洛的感情不会变,永远不会变,这里的变化牵动着我的心,棣花的山山水水,每个村镇,每块石头都认得。洛南、镇安、金丝峡开发等大的变化都关注着,前几天的山阳滑坡发生后,连夜寻报纸,纠结得很。棣花的风水好,物产虽不很丰富,但样数很多,民俗很丰富,我小时候就坐过社火,坐过芯子。离开家乡四十多年来,越来越爱棣花,总想着多写写东西宣传棣花,棣花可以说是秦头楚尾第一镇,坐落在商於古道上,发展旅游文化很有前景,我常对人说棣花和商洛的变化,在这里我还要说,棣花的好日子在后边,商洛的好日子还在后边!

写到这里,笔者联想到台湾作家三毛。三毛生前很喜欢贾平凹的作品,并因贾平凹作品喜欢上商洛,1990年10月16日,她在杭州邂逅陕西广播电台记者孙聪时说:"我很爱看平凹的作品,但看得很少,只看过《天狗》和《浮躁》,虽是两本,却前后看了二十遍,每次看完都流泪,眼睛都要看瞎了,我连每一个标点都仔细看,太有意思了。看了他的书,我对商州有了很深的感情,也知道陕西人是中国最好的人,最朴实的人。"她托孙聪捎话给贾平凹,说等明年(1991年)上半年身体稍好一点再去西安,到时约几个朋友骑单车去郊外,上城墙,和平凹去看商州,吃羊肉泡馍。贾平凹听了孙聪转达的信息后,给三毛寄去了他的作品集。不料不久传来三毛自杀去世的消息,贾平凹悲痛之际写了《哭三毛》《再哭三毛》,同时收到三毛生前的绝笔信,在信末,三毛写道:您的故乡,成了我的"梦魅"。商州不存在的。可见商州是三毛的梦想所在,但贾平凹作品中的商州不等同于现实中的商洛,而是文学世界中的商州,这也许就是三毛所说的商州不存在的意思所在。

三毛悲剧的原因,固然有病痛等缘故,但究其根本原因,是精神的孤独,正如贾平凹在《再哭三毛》中所指出的:我完全理解作为一个天才的无法摆脱的孤独。可为什么三毛的孤独无法摆脱呢?为了摆脱孤独,她唱着"不要问我从哪里来,我的故乡在远方",远走他乡,但并未摆脱孤独,笔者以为就因为她离开故乡成为无根浮萍，灵魂安妥不下。而贾平凹也有天才的孤独，那么他为什么能够摆脱孤独呢？笔者以为他有心灵寄托的港湾，有生活的根据地，那就是故乡。正因为他深深扎根在故乡汲取营养，他才有常去常新的生活体验，才会与百姓同呼吸共命运，才会有"我有使命不敢懈怠"的使命感，才会有源源不断的素材，才会有层出不穷的作品和几乎每两年一部长篇小说的创作奇迹。因为创作，孤独得到慰藉，灵魂得以安妥。

不用再讲落叶归根的老话，就说说一个商州朋友母亲临终的故事。这位老母亲已经滴水不进多日，儿女喂什么食物，老人都不张口，当端来老人吃了一辈子的最廉价的糊汤（商洛对玉米粥的称呼），老人张开了口喝了起来，喝完糊汤死而瞑目。这恐怕不是一句"胃是有记忆的"所能概括的吧。故乡不仅是一个人生命的发源地，也是一个人永久的精神故乡，不论走到哪里，不论年龄多大，魂牵梦绕的还是故乡。如果把游子比作风筝，那么，风筝的连线就是故乡，有了连线，风筝才会飞得更高更远更长久。对一个作家而言，故乡的意义还不仅如此，它还是创作的源泉所在，是创作的根据地。2015秦岭生态旅游节·商於古道丹凤·棣花民俗文化体验节上有一项重要活动，即"陕西省作协丹凤县商於古道文学创作培训基地"挂牌仪式，这个基地的设立，便体现了上面所说的道理。但愿我们的作家像贾平凹那样扎根故土汲取丰富的民间营养，写出无愧于自己、无愧于人民、无愧于时代的作品来。

2015.8.16

珍藏贾平凹

　　和贾平凹的交往,从 1985 年至今已经三十多年了。这三十多年,是珍藏贾平凹作品、著作、书画、有关图书的三十多年。在我的书房,贾平凹的著作几乎占据了两个书柜,各种不同的版本大约有三百种左右,既有内地出版社出的长篇小说、中短篇小说集、散文集、十几种文集,也有繁体字竖排版的港台版,还有外文版。除了正版图书,为了工作需要,我还收集了数十种盗版书、假冒书和非法出版物,比如十来种《废都》盗版本,二十来种私编贾平凹文集,还有假冒贾平凹姓名出版的长篇小说《霓裳》等。此外,我还有幸在策划编辑贾平凹作品集和文集时收藏到他的手稿,有中短篇小说,有散文、随笔和序跋,其中包括给我写的《行余集序》。此外还有书信、手札,以及书画,虽然短小量少,却十分珍贵,值得永久珍藏。

我购买贾平凹的著作始于20世纪80年代初，有意识有目的地收藏贾氏的图书、手稿和书画等当始于20世纪90年代初。那时"不识庐山真面目，只缘身在此山中"的我尽管早已与平凹结识并责编过《平凹游记选》，但对平凹及其作品的

价值并没有充分的认识。大约到了1991年，贾氏的第二部长篇小说《浮躁》获得美国美孚飞马文学奖，台湾著名女作家三毛写给贾平凹的信中称贾为大师级作家，使我感受到了贾氏及其作品的潜在价值。果不其然，从此，贾氏声名大振，作品日益畅销。

平凹的图书是我收藏的主要对象，自从有了收藏意识后，几乎是逢贾氏著作必买，可以说，20世纪80年代后期至今出版的贾氏作品都可以在我的书柜中找到，当然以简体中文版为主，多为初版作品。在收藏已出版的作品的同时，我也收藏了一些他未出版的中短篇小说的手稿。近年来，我还

收藏了三部长篇小说的手稿复印件,一部是《古炉》,另一部是《带灯》,还有一部是《山本》,均已装订成册,并请贾平凹和其他著名作家学者签名,便于把玩赏读。

贾平凹也是散文大家,散文集出了不少,我拥有的也不少,从早期的《爱的踪迹》《人迹》到近年来的《天气》,几乎应有尽有。因为我喜欢他的散文,光我策划编辑的就有《平凹游记选》、《贾平凹游品精选》(与孙见喜合编)、《坐佛》、《做个自在人——贾平凹序跋书话集》、《西路上——贾平凹手稿珍藏本》等著作。诗集有四种版本的《空白》,分别为花城出版社出版、陕西师大出版总社出版和辽宁人民出版社出版。文论集有两种,一种叫《贾平凹文论》,另一种是我策划的《平凹谈书论画》。

我所供职的出版单位四周有大小七八家书店,所以一般都能及时购到新出的贾氏著作。但也有例外,尤其是京沪等外地出版社出版的贾氏图书,因印数少或发行渠道不畅等故,有的也不易找到。例如广东人民出版社出版的贾氏《禅思美文》,几乎找遍了西安的大小书店也无所获,后来还是编者孔明送了我一本。有时也怪,即使本地本系统出版社出的贾氏著作也未必能轻易得手,例如陕西人民教育出版社于1990出版的贾氏《静虚村散叶》,踏破铁鞋无觅处,两年后,偶过南院门的陕西作家书店时却意外购得。

贾平凹的文集有十几种，最为珍贵的还是陕西人民出版社出版的 20 卷《贾平凹文集》，该文集是 2006 年由我策划并引资于 2009 年初版，后来加入《废都》，成 21 卷，出版了珍藏本。前者 20 卷由我和陕西人民出版社社长惠西平学兄主编，后者由我做特约编辑。《贾平凹文集》的出版反映了中国当代文学和出版政策的变化和进步，堪称当代中国出版史和文学史的缩影。

　　我收藏的贾氏图书，差不多都有平凹的签名或印章。这些书，有的是平凹送我的，有的是以书易书得来的，也有出版社送的，更多的则是我自己购买的。就说和朋友去平凹寓所谈编选其作品手迹珍藏本时，平凹高兴，除为我们所带的图书签字外，又各送我们一本《贾平凹书〈道德经〉》，并签名留念。所谓的以书易书是指以平凹所需所缺之书换其别的著作，比如，早年陕西人民出版社出版的《野火集》，在该社工作过的贾平凹却没有，无奈，平凹用其新著换得了我所收藏的旧书《野火集》。

　　有关贾平凹及其作品解读和研究类的图书也收藏不少，比如费秉勋的《贾平凹论》，冯有源的《平凹的佛手》，孙见喜的《贾平凹之谜》、《鬼才贾平凹》、《贾平凹评传》（与李星合著）、《贾平凹前传》（三卷），韩鲁华的《精神的映象——贾平凹文学创作论》《云层之上都是阳光——贾平凹文学对话录》

及其主编出版的《〈秦腔〉大评》《〈高兴〉大评》,朱文鑫的《收藏贾平凹——贾平凹著作版本集录》《解读贾平凹》,还有费秉勋老师编辑的《〈废都〉大评》,当然还有我自己写的几种,计有:《贾平凹打官司》《书友贾平凹》《真话真说》《〈秦腔〉大合唱》《一部奇书的命运——贾平凹〈废都〉沉浮》《贾平凹纪事(1990—2000)》《贾平凹纪事(2000—2010)》《策划贾平凹》。这些收藏为贾平凹研究作了资料的积累,受到贾平凹、京夫、孙见喜、肖云儒、李星、韩鲁华等作家、评论家的肯定和称赞。尽管付出较大心血,也遭到个别人的误解,但是值得的,也是无怨无悔的。

为了研读或出于所从事的"扫黄打非"和版权工作的需要,我收藏的有关贾平凹著作的盗版书、假冒书也不少,比如《秦腔》《高兴》《老生》《出炉》《极花》《山本》等书的盗版本和汇编本。

我所收藏的贾氏手稿多是平凹早年的作品,其中有的是我所责编的贾氏著作中的一部分,有的是平凹为我所编所著的书写的序文,有的是我所策划编选的平凹图书中的散叶,多用钢笔写在稿纸的背面,也有用圆珠笔或碳素笔写的,还有在复印件上增补或改写以及校对时留下的手迹。当然对笔者而言,平凹为拙著《行余集》写的序文手迹和为拙著《贾平凹纪事》研讨分享会写的贺词当属我最珍爱的了。最早的平凹手迹应是 1986 年出版的《平凹游记选》，其实，还有更早被我偶然得手的平凹作品手稿，那是某出版社搬资料室时处理的，遗憾的是当时尚不自觉的我未能进一步搜罗，要不然当会有更多收获的。贾平凹的手稿珍贵稀缺，广大读者难睹其真容，为了满足读者的需求，在多次与平凹协商后，2002年，我策划编选的《西路上——贾平凹手稿珍藏版》由三秦出版社出版问世，使读者得以一睹其手稿的真迹。在该书首发式上，著名书画家马河声称赞该书的策划为"金点子"。该书也是迄今唯一一种贾平凹手稿本。

众所周知，贾平凹的散文与书法堪称双绝。其散文细腻精美，诗画交融，似充满活力的溪流，其手稿中的钢笔书法与毛笔书法一样独树一帜，半行半楷，隐隶含魏。《西路上——贾平凹手稿珍藏版》选用了贾氏和朋友探访丝绸之路时所写的长篇散文《西路上》的手稿，其"一粒沙上见世界，半瓣花上说人情"的散文特色与其行云流水、一气呵成的书写风格，和谐完美地结合在一起。读者在欣赏平凹美文的同时，更可透过手迹参悟其创作思路和风格，具有很高的收藏、研究价值。

贾平凹的字画是当今收藏的热点，被越来越多的人所收藏。笔者所藏的平凹的字画以字居多。最早的一幅是 1986年我新婚不久平凹题写的，联曰："虚涵得天道，静闲识真趣"。我请人装裱后挂上墙上，时常欣赏，少了浮躁，多了平和。另外一幅是平凹得知我乔迁后题写的"雅室生辉"四个字。还有平凹为我的《真话真说》《渭河大水灾——救灾笔记》《高考大透视》等七八本作品集题写的书名，也是十分珍贵的。平凹的画难得，我仅有一幅扇面，有竹林七贤的意境，睹之如有清风徐徐之感。策划《贾平凹书画》时，平凹曾答应为我画一幅，时过多年，尚未兑现。

平凹的书法，字里行间蕴藏着汉隶、魏碑和唐楷的书风意韵，那寓于禅性、几近苏（东坡）体、善用侧锋的笔法，传达着其飞动的灵感和思绪的本真，加上只有平凹才能赋予的全新视野和内涵的书写内容，给人以耳目一新之感，并有振聋发聩般的警示意义和教育、鼓舞作用。平凹的画，被人称为"时世窗"或"意会画"。不媚时，不造作，不粉饰，灵感所至，放任笔墨，自由挥洒，充满新意。贾氏绘画有三大特点：一是题材新，二是意趣妙，三是题跋精。人情世故、文化历史在其笔下，意象变了，呈现出的是一派至新至理的意境，读之如饮佳酿回味无穷。最近陕西人民美术出版社出版的《画禅》一书中，作者姚展雄认为贾平凹画第一，书法第二，文第三，是否妥切？值得商榷，但由此可见平凹书画的地位。不争的事实是，贾平凹的书画收入已不亚于其文学作品的版税收入。贾平凹自己也说过靠书画养家的话。

贾平凹的书画年年看涨，对普通读者来说是可望不可即，为了满足读者的需求，我 1998 年策划出版了《贾平凹书画》一书，一花开后百花发，其后，相继出现了《贾平凹书〈道德经〉》(太白文艺出版社版)、《大堂书画》(陕西旅游出版社版)、《中国当代书画名家精品·贾平凹画》(河北教育出版社版)、《贾平凹语画》(山东友谊出版社)、《贾平凹千幅书法精品集》(陕西人民出版社版)、《贾平凹书画》(花城出版社版)等。还有贾平凹的好多散文集、小说集和长篇小说以及有关贾平凹的图书里插配了不少作家本人的书画作品，可谓图文并茂。

"作家就要像农民那样"

　　笔者不知道贾平凹是否曾获"劳模"称号，但却以为贾平凹是当之无愧的劳模，何以见得？还是用事实说话吧。

　　先说说贾平凹的劳动态度。贾平凹视劳动为人的天性，他曾比喻说，他写作就像母鸡下蛋，不写就难受。他以为工作着最美丽，除了必须参加的会议、活动，每天他都按时到工作室——上书房读书写作，即使大年初一也不例外，吃过饺子照样到工作室写作读书。他一般每天工作时间在十小时以上。五十知天命，好多和贾平凹一起出道的作家五十岁以后已经封笔不写了，而贾平凹却比以前写得更欢实了，且不说散文、中短篇小说，单就长篇小说而言，十八年间，他陆续创作了《秦腔》《高兴》《带灯》《古炉》《老生》《极花》《山本》《暂坐》《酱豆》等9部，平均约两年一部，这在当代作家里是首屈一指的。最近在接受《新京报》记者采访时他自述：五十岁以后,创作欲望好像特别强烈,觉得好多东西要写。兜里有东西就要写出来,至于写得好还是不好,起码尽自己的力量,把它表达出来。就像鸡下蛋,鸡有蛋你不让它下它也憋得慌。他荣获 2016 年度中国作家出版集团"优秀作家贡献奖",他在答谢词中说:我真的是牛,只耕耘,不问收成。当年《废都》出版,有人说我会炒作,实在是不了解我,冤枉我。我的这种做法或许太老旧,但我习惯了这样,又到了这般年纪,只好如此。人的能力有限,一生干不了几件事,在我也就是写作,也只会写作。至于写得好不好不论,我能做到守口如瓶,心系一处。记得延安时期有个劳动英雄叫杨步浩,耕地赛过牛,被誉为"气死牛"。笔者以为贾平凹就是当今文学界的"气死牛"。

　　次说说贾平凹的作品数量。有人怀疑贾平凹的高产是雇有枪手,我说绝无此事,因为有其手稿为证。贾平凹一直没有换笔,坚持手写,第一稿先写在一个豪华笔记本上,二稿和三稿则写在稿纸背面,有时还有四稿。就拿五十岁以后的几部长篇小说计,《秦腔》45.8 万字,《高兴》35 万字,《带灯》36 万字,《老生》22.1 万字,《古炉》67 万字,《极花》16 万字,《山本》50 万字,《暂坐》21.7 万字,共计 293.6 万字,每部小说连写带改抄一般三遍,七部共计 880.8 万字。平均每天写作约一千五百字。莫言说贾平凹是当代作家里作品最多的人。贾平凹的右手手指磨出的厚厚的老茧就是他辛勤写作的佐证。同时他也是作家里出国甚至出省最少的人，莫言在《我眼中的贾平凹》一文中写道："平凹先生在陕西作家、甚至在中国作家里，在他这个级别的、这个年龄段的作家里，是出国最少的一个，出了寥寥无几的几次国，而我们前几年经常一年出去五六次，最多的时候一年出去八九次。平凹兄在陕西省作家里面是出省最少的。他来北京的大学都是屈指可数。而我们这几年，可能全国的起码三分之一的大学都到过了。平凹先生出国少、出省少、应酬少，但是一直在闷着头写作，所以他的作品最多，作品的质量一直保持着很高的水准，而且在不断地否定自己。从七十年代末到现在将近四十年的历程，短篇、中篇、长篇、散文，在各个方面、各种文体都有创造性的贡献。要研究中国当代文学，如果把贾平凹漏掉，那是不可想象的。"

再说说贾平凹的劳动质量。还是以五十岁以后的几部长篇小说为例，部部畅销，每部开印数几乎都在 20 万册以上，2018 年出版的《山本》精装本印数 5 万册，平装本印数 35 万册，《收获》2018 春季卷《山本》专号估计印数在 10 册以上。如果畅销不足以说明问题，那么再说说这些小说的获奖情况吧，据不完全统计，《秦腔》获得茅盾文学奖等多项大奖；《古炉》获第四届"中文长篇小说奖红楼梦奖"；《带灯》获《当代》2013 年最佳长篇小说奖、花地文学长篇小说金奖，"人民文学长篇小说奖";《老生》入选第六届中国图书势力榜，获"腾讯·商报华文好书"年度好书、年度新浪中国好书榜·年度十大好书、2014 年度最佳长篇小说奖，后记获"华文散文民间第一大奖"和在场主义散文奖单篇奖；《极花》获首届"北京大学王默人－周安仪世界华文文学奖"评委会大奖。此外，贾平凹还荣获 2016 年度中国作家出版集团"优秀作家贡献奖"，位居榜首。

如果在中国国内畅销获奖还不足以服人的话，那么再看看贾平凹作品翻译出版的情况，就说 2017 年，可谓贾平凹作品在海外翻译出版的丰收年，由葛浩文翻译的英文版《废都》、陈安娜翻译的瑞典文版《秦腔》、吉田富夫翻译的日文版《老生》、安博兰翻译的法文版《古炉》《带灯》和意大利文版《高兴》、胡宗锋和留学生罗宾·吉尔班克翻译的英文版《土门》相继出版。德文版《极花》、西班牙文版《极花》《秦腔》、阿拉伯文版《废都》、瑞典文版《怀念狼》、俄文版《晚唱》《冰碳》等作品也在翻译之中，即将出版问世。同年 8 月 23 日，亚马逊宣布在其全球 14 大站点同步首发贾平凹的长篇小说《高兴》*Happy Dreams* 英文版，将该书介绍给遍及 183 个国家的亚马逊读者，这是亚马逊首次为华人作家作品的英文版举办全球性的首发活动；这本书也是 2017 年唯一一本入选 Kinde First 项目的中国文学作品。同年 12 月 15 日，2017 年亚马逊年度阅读盛典在北京举行，贾平凹荣获海外最佳影响力中国作家。英文版长篇小说《高兴》荣获亚马逊亚洲文学排名第一，中国文学排名第一，Kindle 所有图书销售排行 top100。在 2018 年伦敦书展上，人民文学出版社与英国查思出版公司签署了《山本》英文版出版合同。

或如周俊生所分析的那样："更难能可贵的是，贾平凹的长篇小说创作，不仅仅以数量庞大引人注目，更重要的是他的每一部作品都深入历史和现实，充满了历史的思辨和对人性的质疑、拷问，也不乏对现实的质疑。贾平凹长篇小说的这种特征在进入本世纪以后的作品中表现得尤为鲜明，《秦腔》《古炉》《老生》等作品对历史的记录和反思体现了贾平凹思想的长度和深度，即使是反映现实的《带灯》和《极花》，他也没有停留在现实问题的揭露上，而是引导读者从这种现实中观照出社会历史的走向，不仅看到现实的不足，而且看到现实作为历史的延伸所产生的必然性和复杂性。平心而论，在目前长篇小说创作繁荣的大环境下，一个作家写出一部长篇并不是太难的事，就创作数量而言，贾平凹很可能并不是创作长篇小说最多的一位作家，但贾平凹以他在作品中显示的思想的高度和深度，这种大气象在浩荡的中国作家队伍中却是首屈一指的。"

当然贾平凹的劳动也不仅体现在文学创作上，他还有中国作家协会副主席、陕西省作协主席、西安市文联主席等诸多职务或兼职，从事大量的行政组织协调工作。同时他还是全国人大代表和教科文卫委员，在两会期间不仅有议案，而且接受《中国纪检监察报》《新京报》等多家媒体的采访。最近，在全民阅读月里，贾平凹北上北京，南下上海，结合《极花》《山本》创作出版和自己的读书体会与北京大学、复旦大学师生和《中华读书报》记者及央视《朗读者》主持人董卿畅谈读书心得，提倡阅读经典。此外，他每年还要与若干家国内外出版社或出版公司洽谈其作品的出版或翻译输出或新书发布或签名售书事宜。隔三差五，他还要接待亲朋好友、同学同行和读者粉丝，为他们将要出版的作品集题写书名或为他们所带的成包成捆的贾氏作品签名。

作为一个家有老小，身兼多职，集著名作家、著名主编、著名病人于一身的贾氏，如何在四十余年时间里创作出上千万字的作品，出版五百多种作品或作品集，他是怎么做到的呢？

首先，贾平凹视创作为生命。相传，贾平凹结婚时和新娘面对墙上的稿纸叩拜，视稿纸为神灵，反映了贾氏对文学罕见而独特的虔诚和热衷。事实上，写作成为了贾平凹的主要生活甚或生命方式，他逢年过节甚至大年初一依旧笔耕不辍，外出参加会议，随身携带稿纸，星期天为躲避干扰，躲在办公室写作,去饭馆吃饭,突然来了灵感,随手掏出烟盒撕开就写起来。有时在朋友家做客,大家谈笑风生,贾平凹突然匆匆离座,别人以为他急着出恭,其实却是潜入隔壁屋子,记下一个情节、细节或几句描绘性的语言。患病住院,在病床上也推出了一篇又一篇作品,1994年,在《家庭》杂志所开专栏上的一组文章就是在医院病床上写就的。精诚所至,金石为开。可以说,贾平凹是把全部精力都用到文学事业上来了,也得到了丰厚的回报。

其次,贾平凹视生活为源泉。贾氏有生活基地和根据地,他几乎每年都要回老家商州这个生命和生活的双重基地汲取"乳汁"补充营养,他曾挂职商洛地区文化局副局长,就是为了便于到故乡体验生活。每当写作上欲有突破时,他便要回商州再去脱胎换骨,于是有了《商州初录》《商州又录》等一系列惊世骇俗之作。每次到商州,他不是走马观花地游游看看,而是每到一地,先找县志看,了解当地历史、地理和风土民情,然后熟人找熟人,层层找下去。他曾在丹江的木排上,喝着水手喝的白酒,听他们与岸边洗衣挖沙的女人们作歌嬉戏,在深山野林的茅屋里,吃着主家自制的腊肉、浆水面,听男主人说古道今、女主人唱歌哼曲,夜穿荒山野林迷失方向,脚踏鸡鸣三省的白浪街石。走到哪里吃到哪里,住到哪里,在前不着村后不挨店的半路上,饿了啃两口干锅盔,渴了到老乡地里拔两个萝卜。每次回到家，一进门，妻子就叫他赶紧脱光衣服去洗澡，因为衣服上爬满了小动物。他数次沿着丝绸之路、军路、油路深入戈壁沙漠，探寻历史遗迹，造访石油人、边防战士和各族人民，写出了《西路上》等充满时代气息和西部风情的优秀之作。近年来他深入甘肃定西、秦岭深处访贫问苦，创作了《定西笔记》《秦岭人家》等接地气的作品。贾平凹能够写出如此丰富的长篇小说，与他做了大量艰苦的准备工作是密不可分的。相比于一些作家的蜻蜓点水，贾平凹是真正地潜入历史，融入历史，潜入生活，融入生活。"问渠哪得清如许，为有源头活水来。"正因为贾平凹不辍地啜取生活之水，才有其海纳百川乃为大的累累硕果。

再次，有恒心者有恒产。著名作家孙犁在一篇序文中说贾平凹"像是在一块不大的园田里，在炎炎烈日之下，或细雨濛濛之中，头戴斗笠，只身一人，弯腰操作，耕耘不已的农民"。贾平凹也多次自称农夫或牧羊犬，认为作家就要像农民那样耕好自己的田，像牧羊犬一样管好自己的羊。纵观贾氏四十多年的创作之路，尽管坎坎坷坷，风风雨雨，但他跌倒爬起，风雨兼程，从未停步，即使身患重病，遭受打击，作品被禁，名利诱惑之时，仍排除干扰，化毁为缘，转危为安，开辟新的天地。如今，贾氏名闻海内外，邀他出省出国访问、讲学乃至定居的，或请他做这顾问那理事的纷至沓来，但他不为所动,依然在自己的创作田园里辛勤地耕耘着,期望着新的收成。

贾平凹的高产和多奖也与他的为人处世不无关系,贾平凹原名平娃,父母望子顺通平安。后贾平凹自改为平凹,正视人生的崎岖不平。不幸而言中,几起几落,尤其是不惑之年间,大红大紫,大悲大苦,众叛亲离,四面楚歌。但他不是项羽般的末路英雄,而是逢凶化吉、转毁为缘的潜龙。可不,没过几年,潜龙又腾飞了,人气愈来愈旺,身体愈来愈好,作品愈写愈特,世纪之交,荣获陕西省"德艺双馨"称号。

其实,贾氏的成功与其为人处世之道密不可分。

说起贾氏的为人处世,不少人说其受释、道的影响大,往往忽略了儒对贾氏人生观的决定作用。佛和道都讲出家和出世,而儒家则主张入世和进取,倡导修身、齐家、治国、平天下的崇高抱负,号召人们重视自我人生价值的实现,要立德、立功、立言,要有所作为。以此对照,贾平凹显然是积极入世,大有作为。已著有并出版上千万字的作品,可谓立言;主编《美文》《延河》,身兼全国人大代表、委员、陕西省作协主席、西安市文联主席,可谓立功;被授予"德艺双馨"称号就是政府和人民对其德和言的肯定,尽管贾氏一直谦称自己成名但未成功。

贾平凹自幼营养不良,体弱多病,上大学时又患上肝炎,学校置专舍将他隔离起来,孤独养病之际他潜心创作起来,有时不知东方之既白。后来从事专业创作,更是没白没黑地写,常常是一写一系列作品,完成一系列作品之后是病休,甚至住进医院。朋友曾劝这位自称著名病人的拼命三郎:已写了那么多作品,不少作品获国内外大奖,够可以了,封笔休养吧。但贾平凹却说:这和当官的道理一样,做了乡长谋着县长,做了县长又谋着专员,做了专员还谋着省长的位子呢。很显然,这和释道的消极处世乃至出世思想是风马牛不相及的,反而合乎儒家的人生观,儒家不仅要积极地改造社会,要实现远大的理想,而且在面临灾病危险时,不惜舍生取义。固然,儒家也不是不珍爱生命的,但在认识上与释、道大相径庭,儒家认为对生命的主要威胁并不来自于疾病侵袭,而是来自于自然界和社会中的种种伤害,儒家先圣孔子对待生老病死的态度是"死生有命,富贵在天",说明儒家对疾病的基本观点,即顺其自然,既不给予过多的关注,也不太提倡采取持久的预防性的措施,因而比起释、道两家来,也就缺少有关"养生"和祛病延年的系统理论。而对于外在的人身伤害,儒家先圣们都一再提醒人们注意躲避,特别是告诫人们要防范社会性的骚扰和侵害,如政治斗争中的尔虞我诈,互相陷害,由于品行不检点而招致的人身伤害。在这方面,贾平凹有清醒的认识并身体力行地实践着。在自传中,他写道:"为人为文，为夫作妇，绝权欲，弃浮华，归其天籁，必怡然平和家窠平和，则处烦嚣尘世而自立也。"尽管他的为文极潇洒，而他为人却很谨慎，甚至有些怯懦，这当然与他小时体弱个矮、自卑自缚有关，也与韬光养晦、保全身家、干点事业的心理有关，在《我的老师》一文中贾平凹对此有所记述和反思，他说："我是没有这种大气派的，为了自己的身家平安和一点事业，时时小心，事事怯场，挑了鸡蛋挑子过闹市，不敢挤人，惟恐人挤，应忍的忍了，不应忍的也忍了，最多只写'转毁为缘''默雷止谤'自慰，结果失了许多志气，误了许多正事。"对此，贾平凹在《敲门》诸作品中都有记述，并总结对待骚扰甚至伤害的办法和态度不外乎宽容、逃避和斗争。贾平凹在一次座谈会上说，"年轻时，常常为名利而产生张狂意和挫折感"，现在回想起来不由得发笑，"世事的经见，使我不敢说我已成熟，但起码，我学会了理解和包涵"，对于伤害过自己的人与事，也并不记恨，"我理解了各人有各人的生存环境，各人有各人的思维方法，不管是正面和反面的，不论其顺耳和逆耳，对我都是一笔财富，作为人生活在世上，我都要快乐地享用"。他还不无宿命感地说：她母亲对他讲怀他的时候，梦见一条巨蛇缠腰和遍地核桃，捡了又捡，捡了一怀。他说："如果说迷信的话，我的命里有核桃运的一部分，核桃是砸着吃的，所以，我需要方方面面的敲打才能成器。"达观的心态堪比苏轼。

贾平凹的性格属外柔内刚型，柔中的释、道成分多，刚中的儒家成分多。或者说他是以出世之心干入世之事。作品中的人物也曲折地反映出这一点，比如《山本》中的聋哑尼姑宽展师傅和瞎子中医陈先生就是佛道的化身，这一对天聋地哑分别代表了佛道的世界观，比如曾跟元虚道长学医并弄瞎眼睛逃离兵匪的陈先生养蜂以警示世人说："蜂四处采花酿蜜是在削减自己的天毒哩。"人有问："天毒?"陈先生说："蜂有天毒，人也有天毒。"人又问："人也有天毒?"陈先生说："人不知道削减啊!"这与道家的为而不争无为而治何其相似乃尔。而宽展师傅的法号本身就体现了佛家的人生观，宽者，宽容宽恕也，展者，豁达达观也。她吹的尺八"顷刻间像是风过密林，空灵恬静，一种恍若隔世的忧虑笼罩在心上，弥漫在屋院"。贾平凹说过："懦弱阻碍了我，懦弱又帮助了我。从小我恨那些能言善辩的人，我不和他们来往。遇到一起，他愈是夸夸其谈，我愈是沉默不语，他愈是表现，我愈是隐蔽，以此抗争，但神差鬼使般，我却总是最后胜利了。"这不就是大智若愚、大辩若讷吗?凡见过贾平凹的人，都觉得他温和、平易、没脾气，也不会摆架子扎势，似乎任何人都可以和他相交，但打交道多了，就会感到他又像老人甚或老狐狸一样胸有城府和机谋，不少人都说要和贾氏深交是不容易的。当然这与贾氏在交友上吃过亏有关,特别是那些在他大红大紫时攀附吹捧他,又在他大悲大苦时落井下石令他心寒之徒。他在《朋友》中谈及此事写道:"如今倒坦然多了,因为当时寒心,是把朋友看成了自己和自己的家人,殊不知朋友毕竟是朋友,朋友是春天的花,冬天就都没有了,朋友不一定是知己,知己不一定是朋友……"多么开阔豁达的心胸,贾平凹的为人处世由此可见一斑。

贾平凹的高产多奖也得之于其养生之道。身体健康是一,其他均为零。没有健康的身心,谈何创作?众所周知,贾平凹是著名的病人,他曾患有乙肝、痔疮,一年四季不是头痛脑热,就是感冒牙疼。住院治疗对他而言就像出差住店一样稀松随便,有一年,贾平凹赴京参加全国政协会,未待会结束,他发起烧来,吃药打针无效,硬是由人护送回西安,住院治疗后方才痊愈。西安这地方就是邪乎,健壮如牛的路遥、邹志安相继倒下,而自称著名病人也的确曾经病恹恹,几度病重的贾平凹却越活越健壮,乙肝治好了,痔疮做了,肚皮渐起,微微发福,作品一部一部接着出,还时不时飞往四面八方访问、讲学,如今又做起了西北大学的硕导和西安建筑科技大学文学院的院长和博导,带了多名研究生。看着贾平凹忙碌的身影,目睹其健旺的精神,人们不禁自问问人:贾氏由病弱变健康,难道有什么返老还童之秘方,得益于哪家妙手回春之医术？莫非有神灵保佑？

其实，贾氏没有什么秘方，更无神灵保佑，他的健康之道，主要靠的是自己。

心态平和，坦然面对是其道之一。"既来之，则安之。"贾平凹是个老肝炎，这是一种久治难愈的富贵病，不知看了多少医生，吃了多少药草，打了多少点滴，严重时还不得不住院治疗。医院那种环境氛围甚至气味恐怕没有几个人能喜欢，但贾平凹觉得生病原来是灵魂与天地自然在做微调，便把有病在身当成一种审美对象，把白墙幻做驻云，天使般的护士所输的点滴犹如天上的甘露进入身体。"有人来探视，都突然温柔多情，说许多感动人的话，送食品，送鲜花。生了病，如立了功，多么富有，该干的都不干了，不该享受的都享受了，且四肢清闲指甲疯长，放下一切，心境恬淡，陶渊明追求的也不过这般悠然。"这种坦然达观的心态，淡化了焦虑和烦躁，为身体创造了利于健康的心理条件。

与人为善，多做好事是其道之二。贾平凹在《五十大话》中写道："多做好事，把做的好事当作治病的良方；不再恨人，对待仇人应视为他是来督促自己成功者，对待朋友亦不能要求他像家人一样。"他提倡做好人好文，不仅如此说和提倡，而且如此做和践行：他为汶川地震灾区捐款，为家乡义务写歌词《秦岭最美是商洛》，不厌其烦地为无数朋友和广大读者题写书名和签名。他曾为笔者《黄土高原上的银铃——人民艺术家贠恩凤》和《贾平凹纪事》读者分享会分别题词。得到他帮助的人无不对他充满感激。

精神疗法、心理暗示是其道之三。记得有一次去医院探望贾平凹，闲聊间，当着七八个人的面，孙见喜冒了一句：平凹，恐怕你这个老干部快不行了吧。众人惊疑，贾平凹却笑了。敢向病魔乃至死神微笑的人是无所畏惧和克疾致胜之人。同时也说明了他在精神上是强者。常言道：愁一愁白了头，笑一笑十年少。贾平凹在熬中草药时，心里会想：药是山上的灵根异草，采来就召来了山川丛林中的钟毓光气。煮沸时的咕嘟声，犹如叽咕酝酿着怎么扶助你，砂锅上蒸气弥漫，仿佛山之精灵在舞蹈，在歌唱，唱你的生命之曲。在贾平凹看来：人的身体每一处都会说话，也能听懂人的声音。所以，贾平凹在夜深人静之际常扪心自省，检讨对身体的过度使用和透支，矫正着自己的言行过失。他也常对着身体病着的部位说话，安慰道：你对我太好了，好得使我一直不觉得你的存在。当我知道了你所在的部位，你却病了。这都是我的错，请你原谅。我终于明白了在整个身子里你是多么重要，现在我要依靠你，要好好保护你了，一切都拜托你了！

素食为主，粗粮细做为其道之四。贾平凹是个素食者，不是赶时髦的，更非受素食主义者的影响。他也吃牛羊肉，羊肉泡是他的最爱，因为牛羊肉以瘦肉为主，是肉类中的相对素者。他平时饮食以素为主，一个人时下点面条，打个荷包蛋，放几根青菜，油盐酱醋要调好，尤其是辣椒要放足。他爱吃岐山臊子面，讲究面要薄筋光，味要酸辣香，汤要煎稀汪，煎即要煎和，要热要烫，稀即汤要多要宽，汪即油汪汪，红辣油才能有此效果。他最爱浆水面、浆水搅团和鱼鱼，面以杂粮制成，称之为杂面，搅团和鱼鱼以玉米（苞谷）面为宜，尤以黄玉米面为佳，切成块的搅团条像金砖，鱼鱼像金蝌蚪，佐以芹菜、豆腐或豆腐皮、葱花，浇上酸香爽口的浆水，真是解馋可口。难怪，早年的贾平凹为吃一顿浆水搅团为主人写了一卷子字呢。

爱好广泛，积极休息是其道之五。众所周知，贾平凹是性情中人，爱好书画、收藏、打牌。在写作之余，贾氏常舞墨弄笔，写一幅字，绘一幅画，或看看碑帖，赏赏古玩，既调节了生活，又陶冶了性情，当然也增加了知识。贾氏收藏以奇石、化石、陶罐为主，也有木雕、字画、貂皮、牛头等。有不少奇石是他出游时自己捡的，多以大石为主，这些石头不少是他自己和朋友设法搬运回家的，无形中锻炼了体力。据悉，一次去新疆，他收集的物品竟打了五六个包。打牌的内容也有所变化，上世纪以麻将为主，世纪之交以来以打扑克为主，二者均有健脑之功，但麻将打起来易失控，有时一玩就是通宵，随着年龄增长，贾平凹有些吃不消，而打"红桃四""挖坑"则轻松些，时间一般也不长，故有取代麻将之势。此外，贾平凹还爱看足球比赛，是有名的球迷，据说还是西安球迷协会的副主席呢。西安的球市好，与他和陈忠实等一批真诚忠实甚至狂热的球迷大有关系。近年来他也常围着风景优美的曲江南湖散步。

在世人眼里，贾平凹似乎算不上英雄，按当今世俗的"高富帅"标准，贾平凹也许勉强够得上"富"，但与"高"和"帅"却不搭界，他的身高不足一米七，何高之有？面黑如山民，何帅可谈？但笔者却以为并深信贾平凹是英雄，他一生从来没有说过一句硬话，但也从来没有做过一件软事。他是矮子中的巨人，是富有平民意识的英雄，也是敢于战胜自己、自强不息的强者和超越自己的超人，更堪称名副其实的特等劳模。

正如莫言所言：贾平凹是对中国文学有创造性贡献的作家。作为出版人的笔者还以为，作家是出版者的衣食父母，而贾平凹是对中国出版乃至世界出版有巨大贡献的作家。谨以此文献给我心目中的特等劳模贾平凹和所有劳模及所有辛勤劳动者。向特等劳模贾平凹学习致敬！向所有劳模学习致敬！向一切劳动者学习致敬！

2018. 5. 1

贾平凹及其作品与地方志

　　众所周知,编修地方志是中华民族优秀的文化传统,历史悠久,绵延不断。明代《朝邑县志》是大学问家康海主修的,清代的《蓝田县志》是清末关中大儒牛兆廉主修的。地方志横跨百科,纵贯古今。方志文化作为中华优秀传统文化的重要组成部分,是传承中华文化、弘扬历史传统的重要方式和载体,不仅承担着存史、资政、育人的重要功能,而且是作家写作的资源和素材。陈忠实创作《白鹿原》前,翻阅了历代《蓝田县志》《长安县志》等,《白鹿原》不少素材就来自这些县志。

　　贾平凹也不例外,他十分看重地方志对创作的作用。曾经说过,每到一地要读地方志,听地方戏,见当地名人。他深入生活考察各地首先借阅当地县志,从中了解当地历史地理、风土人情、历史人物、物产美食诸方面。20 世纪 90 年代初,我在出版局从事出版史志工作。记得有一天贾平凹到出版社办事,顺便来到我的办公室,看到我的书架上有些县志,他抽出《紫阳县志》,边翻阅边说:这上边收录我写的《紫阳城记》,我收藏了。他还说,听说《蓝田县志》写得真实,你这有没有?我打开柜子一看有,就送给他。后来我看到《古炉》等作品中关于"文革"的描写,就联想到其与《蓝田县志》等志书中的相关记载的关系。

地方志可以说是一地的百科全书,内容涉及各个方面。贾平凹长篇小说《山本》起初就准备命名为《秦岭志》,后因为与《秦腔》书名相似,怕引起混淆,还有发音上的考虑,就改名为《山本》。贾平凹在《山本》题记中写道:"一条龙脉,横亘在那里,提携了黄河长江,统领着北方南方。这就是秦岭,中国最伟大的山。《山本》的故事,正是我的一本秦岭志。"实际上不论是在《山本》后记中,还是在接受媒体采访时,贾平凹都坦言《山本》就是一本秦岭志,其实在书中,贾平凹不仅写了三四十年代发生在秦岭的战争和战争中的各色人等,而且写了秦岭地区的山山水水、历史文化、风土人情、特产美食、花草树木、各种动物等等,这些内容固然和作家深入生活的经历密不可分,也有不少是来自有关县志。

但是,小说并不等同于地方志,就像人吃五谷杂粮和鸡鱼肉蛋并不能因此说人就成了五谷杂粮和鸡鱼肉蛋,而是将这些营养化成自己的血肉骨骼。正如贾平凹在《文学与地理》一文中所说的："讲地理与文学，文学中的地理，并不是写地方志。地理一旦写进了文学，它就融入其中，不再独立存在，或者说它就失去本身意义。写所见的世界，并不是你所见的世界，而是体验的世界。塑佛像时用铁用石用木用泥，一旦塑成就是佛了，再也没了它是什么铁什么木什么泥了。我们在说地理对于文学的地方性、个人性的重要时，如果在一部作品中所要求分析的地方的、个人的习癖愈多，这部作品的文学价值可能竟会愈少，一部作品应高高超越个人生活领域，他不是一个富有地方性和寻求个人目的的人，他应该是一个更高层次的'人'，一个'集体的人'，传递着整个人类潜意识的心理生活。"

所谓文学艺术来源于生活也高于生活，也就是说，小说作为一门虚构艺术，其素材固然源自生活或源自地方志，但就像一堆食材，只有经过巧妇一番添油加醋加工烹调之后才能成为脍炙人口的美味佳肴。或是古人讲的入得金木水火土五行之内，出得金木水火土五行之外，也就是古人讲的看山是山看水是水，看山不是山看水不是水，看山还是山看水还是水。这时候的山水就是作家眼中特有的山水。杜甫在和平年代写的《春夜喜雨》，"好雨知时节，当春乃发生。随风潜入夜，润物细无声。"是喜悦心情下看到的雨和花，一派祥和景象；而杜甫在安史之乱时期写的《春望》，"国破山河在，城春草木深。感时花溅泪，恨别鸟惊心。"则是战乱时代悲苦心情下看到的山河、草木和花鸟，呈现的是一片沧桑血泪。同样，优秀的小说不仅来源于生活或地方志，而且要像火之焰那样比生活本身更丰富多彩和辉煌灿烂。复旦大学中文系主任、著名评论家陈思和教授评价称肯《山本》是"民间写史"，诚哉斯言！可以说，贾平凹的作品尤其是十六部长篇小说，不是地方志却胜似地方志。澳门大学中文系原主任、澳门文艺评论家协会主席朱寿桐教授在日前举办的贾平凹大讲堂第22期上所作的题为《贾平凹创作与巴尔扎克体式的文学格局》的讲座上说道，"这两个作家，都在自己的祖国的一个特殊的社会转型时代，用他们的笔去反映描写这个特定的社会场景，就是用一块、一块的场景，去拥抱那个时代，拥抱这个社会。"因此可以说，就像法国伟大的现实主义大师巴尔扎克的《人间喜剧》被誉为"资本主义社会的百科全书"一样，贾平凹的作品也堪称中国社会转型时期的百科全书。

写于 2018.5.21 晚—5.22 午

读懂贾平凹

《山本》就是一本秦岭志

从《山本》后记得知,《山本》原本是写秦岭的,原定名是《秦岭》,后因嫌与先前出版的《秦腔》名称相近混淆,变成《秦岭志》,再后来才改成现名《山本》。笔者组织修过《出版志》,知道志书被称为信史。据搜狗百科解释,所谓信史即翔实的史书;有文字记载,或有实物印证的历史。贾平凹也曾说过:要做时代的记录者。从《老生》到《山本》,可以看出贾平凹正在致力追记着故乡和秦岭的历史,不过,《老生》相当于百年通史,而《山本》则是 20 世纪二三十年代的断代史,真实形象地再现了民国时期发生在秦岭地区"你方唱罢他登场""城头变幻大王旗"的历史风云。

首先是历史的真实。志书有一个横排竖写的编写原则,即按照时间顺序展开叙写同时发生的诸多人事。20 世纪二三十年代,是中国现代史上最为混乱不堪的时期,军阀混战,东征西伐，南北割据，秦岭成为游击队、红军、蒋介石部队、冯玉祥部队、保安队和预备旅等地方武装，以及各个山头土匪的必争之地，此消彼长，一会儿你强我弱，一会儿又你弱我强，在秦岭以西你进我退，而在秦岭以东你退我进，多方武装力量在群山峻岭中进行着拉锯战，展开着殊死的争夺和搏斗。我的老岳父就曾于 1934 年在商洛杨峪河村老家参加徐海东领导的红军，从此走上革命的道路。听老岳母讲，老岳父曾在一次惨烈的战斗中负伤，被压在战友的尸体下得以幸存。在安康，有一个全国唯一的以红军命名的乡镇，就是旬阳县的红军乡，十年前我和文友曾冒着炎炎烈日拜访红军乡，据红军乡女书记讲，1935 年，徐海东、程子华率 74 军进入陕南，在这里发动群众，组织游击队，建立地方苏维埃政权，播下革命的种子。女书记带我们上山瞻仰红军烈士纪念碑，沿路两边竖立着碑林，镌刻着红军歌谣和标语，比如：没饭吃的穷人快来赶上红军！红军是穷人当兵的队伍！红军主张是保护学校邮政商店。当年的红军特务侦察班先期在这里活动，在从事革命活动的同时，为老百姓做好事，指导员高中宽和尚班长懂得医术，用草药为当地老百姓治愈了许多疾病，被百姓称为"神医"。我们来到九龙沟红军墓地祭拜，两遍山坡上挂满了红布，蔚为壮观。这里长眠着红军指导员高中宽和尚班长，据讲，1935 年满山红遍的晚秋，为掩护红军主力师转移,红军特务班十四人与敌人四百人激战,高指导员和尚班长不幸壮烈牺牲,长眠于此。当地群众为两烈士合修坟墓一处,建庙二处,塑像五处,颂扬红军功德。据说当时当地团练曾蓄谋把指导员高中宽和尚班长的合葬墓毁掉,可每次都无功而返,而且团练有的腿痛,有的受伤,当地百姓便以为是这二位显灵,愈加崇拜。

其次是人物的真实。鲁迅说的他小说中的人物形象,往往嘴在浙江,脸在北京,衣服在山西,是一个拼凑起来的角色。《山本》中的故事发生地也不仅是在陕南,有的也是陕北或关中的人和事。比如井宗丞的原型即井勿幕,井勿幕是关中蒲城人,陕西辛亥革命先驱,在日本创办同盟会陕西分会,被孙中山誉为"西北革命巨柱",不幸的是三十一岁时被人暗杀。陕西军民为怀念井勿幕的不朽功勋,曾将井勿幕在西安住过的四府街更名为井上将街,并在街南段城墙上凿开一门,名勿幕门(即今小南门)。井勿幕兄井岳秀即书中井宗秀的原型,是民国时期统治榆林二十多年的"榆林王",他为弟报仇,与书中井宗秀替兄报仇处死邢瞎子有异曲同工之妙。井岳秀不仅支持民主革命,举义同盟,而且倡兴教育,创办榆林女师和榆林职业学校,资助学生外出深造;支持创办《上郡日报》和陕北实力银行,创办发电厂和炮厂,开创了榆林近代工业;靖国军蒙难时救助杨虎城,资助壮大十七军;阻止内蒙独立,保护成陵等。但由于某些历史原因,多年来,井岳秀一直被描写成一个十恶不赦的反动军阀,甚至被演义、歪曲和丑化。《山本》是小说家言,但通过客观的描写,还原了陕西这位枭雄的历史真容。书中女主人公陆菊人也有泾阳民国女富婆周莹的影子,她的经营之道(多种经营)、用人之道(宽以待人)和为妇之道(洁身自好)与周莹相似,所经营的黑茶是从泾阳进的,无疑也是以泾阳茯茶为原型的。书中数次写到的美食十三花则是大荔宴席的美称。书中不少地名也是真实存在的,比如馒头山即洛南县的馒头山,山上有文字始祖仓颉遗迹;还有西背街、东背街,至今仍是商州区的街道名。贾平凹曾在《文学与地理》一文中指出:"我作品中的地理,则是非常真实的。我之所以喜欢这样,我想让我的作品增加一种真实感、可信感。"

再次,是动植物的真实。《山本》中写麻县长在地方武装的裹挟下难以作为,便移情于草木禽兽的搜集研究,撰写《秦岭志草木部》和《秦岭志禽兽部》。从《山本》后记中得知,作家也曾计划撰写《秦岭草木记》和《秦岭动物记》,终因能力和体力所限未能完成,于是借助麻县长实现了自己的梦想。当井宗秀说麻县长满腹诗书,来秦岭实在是委屈了时,麻县长说:这倒不是委屈,是我无能为天地立心,为生民立命,为往圣继绝学,为万世开太平么,但我爱秦岭。为何爱秦岭?麻县长接着说道:秦岭可是北阻风沙而成高荒,酿三水而积两原,调势气而立三都。无秦岭则黄土高原、关中平原、江汉平原、汉江、泾渭二河及长安、成都、汉口不存。秦岭其功齐天,改变半个中国生态格局哩。我不能为秦岭添一土一石,就所到一地记录些草木,或许将来可以写一本书。麻县长不仅热爱秦岭的草木,也热爱秦岭的禽兽,这也许影射着有的人禽兽不如,令人不齿。有意思的是,麻县长还用动物预测人生,比如初见井宗秀,让报三种动物,井宗秀就报了龙、狐、鳖三种动物,后来麻县长被迫迁县城到涡镇时对井宗秀解释说:我告诉你吧,让你们说三个动物,是我测究用人的办法。第一个动物的形容词是表示你对自己的评价,第二个动物的形容词是表示外人如何看待你,自我评价和外人的看法常常是不准的,第三个动物的形容词才表示了你的根本。你那天第一个动物说的是龙,形容龙是神秘的、升腾的、能大能小的,第二个动物是狐,形容狐媚、聪明、皮毛好看,第三个动物是鳖,形容能忍耐、静寂、大智若愚。近年来,关于秦岭的图书不少,其中作家叶广芩等人曾著有《秦岭无闲草》《秦岭有生灵》可以参照阅读。

以上所述,并不是说《山本》是一本史书,而是说《山本》是源于生活而高于生活。贾平凹曾在《文学与地理》一文中指出:"真实的地理是创作的一个基本规律,它的好处是写时不至于游离,故事如孤魂野鬼它得有个依附处,写出来的作品,能让读者相信,而步入它的故事中。"诚哉斯言!而贾平凹坦言他写作时不考虑读者,只忠实于历史,忠实于艺术,忠实于自己的感觉,而结果恰恰是对读者的尊重,是对历史的尊重,是对艺术的尊重,也是对自己的尊重。早在小学时,老师在帮助他批改作文后曾说:"以后到高年级做作文,或长大写文章,你就按这路子写,不要被什么格式套住你,想写什么就写什么,熟悉什么就写什么,写清、写具体就行了。"贾平凹从此铭记老师的教诲并几十年一以贯之践行之。

贾平凹的骑士品质

　　2013 年 2 月 20 日晚上七点,贾平凹和笔者共同的母校西北大学老校区(太白南路)内西大商学院大楼三层法国语联盟会议室,举行由法国驻华大使白林向贾平凹先生授予"法国文学艺术金棕榈骑士勋章"的仪式。

　　"骑士勋章"是法国的一种荣誉勋章,由拿破仑创立,原来主要授予在战争中立下功勋的法国公民。1963 年,在法国总统戴高乐倡导下,重新设立"骑士勋章",成为法国政府的国家级最高荣誉。除了奖励为国家作出杰出贡献的法国公民外,还增加了为法国发展良好对外关系作出杰出贡献的外国公民。向外国公民颁发,首先要由法国外交部长提名,再由法国总统签发。

　　法国大使白林女士在颁奖仪式上说:"十五年前就读过贾平凹先生的作品,今天能在贾平凹先生母校为其颁奖感到

特别激动。文学无国界，中国文学在法国受到广泛关注，尤其是中国当代文学得到了法国人特别的热爱，其中贾平凹先生的作品在法国受到广泛关注。贾平凹的作品描写了转型中的中国，也描述当代中国及中国民众如何适应现代化。一个伟大国家的发展需要尊重自身传统文化，就像《带灯》中所描写的一样，我们需要关注默默无闻的人民，小人物也值得我们关注与尊重。文学的意义就像"带灯"这两个字一样，在黑暗中给我们带来生活的曙光。

贾平凹发表获奖感言时说：

尊敬的大使白林女士，到会的各位朋友：

春节刚过，上元将至，今天还在节庆里，我很荣幸地接到白林女士代表法国政府颁发的法兰西金棕榈文学艺术骑士勋章！

我珍贵这枚勋章，珍惜这份荣誉。感谢法国政府，感谢法国驻华大使白林女士！

法国是伟大国度，法国的文学艺术历来都是那么高贵，为全世界推崇和热爱。当我还是学生的时候，就在这个地方，我的母校西北大学，第一次阅读法国文学作品和绘画作品，他们给了我极大的启示和影响。当我以后从事了文学写作和美术创作，法国人的创新精神一直让我受到鼓舞和不断地向往追求。但我那时觉得，法国离我太遥远了。没有想到，上个世纪九十年代，我的一篇小说《废都》出版后，法国很快做了翻译，并获得了法国费米娜文学奖，出版了大开本，也出版了口袋本，之后又翻译了另一部小说《土门》和一本中短篇小说集。从此结识了一些法国朋友，至今友谊弥深。目前法国有关出版社正翻译我的小说《古炉》和《带灯》。

　　国与国交往，文化是最重要的，而翻译是一座桥梁，文学艺术的翻译使我们相互了解，得以友谊，使人类和谐、美好而共同进步。

　　当年，我获得费米娜文学奖后，那一任的雷默尔大使邀请我去北京，在法国驻华大使馆以家宴形式招待我，而白林大使这次又亲自到西安来颁发这枚勋章，法国人对文学艺术的尊重、包容、热情、真诚，我真的很欣赏，很感动。我是一位作家，作品的内容写的都是中国的生活，我当不敢懈怠，继续写下去，完成我应尽的使命。而作为一位中国人，我更会珍惜这枚勋章所象征的光荣，珍惜这份国际间的友谊，为进一步增进中法友好，文化交流，尽我的微薄力量。

谢谢！

记得文学大师孙犁先生说过：亲近文学，疏离文坛。贾平凹也说过圣贤谨慎，大人小心。如他在《秦腔》后记中所说，缺席了多少会议被领导批评，拒绝了多少应酬让朋友们恨骂。过去人们冠以贾平凹鬼才、怪才、独行侠等绰号，联系到贾平凹成长的足迹及其作品创作的历程，笔者以为贾平凹更像一个骑士，一个不无寂寞的骑士。尽管他不时被媒体追逐着，但他毕竟还是一个独行的骑士，就像唐·吉诃德那样虽知不可为而为之，为自己的理想，向着目标进行着不懈的冲击。

骑士的品质之一是对国家和民族始终不渝的忠诚。几十年来，贾平凹为振兴民族文学进行着艰苦卓绝的奋斗。20世纪70年代末至80年代初，因创作《满月儿》荣获全国短篇小说奖和反映地质工人真实工作和生活的《二月杏》遭到批判，可谓一起一落；80年代中后期，从因创作《正月·腊月》《天狗》赢得一片叫好声到《商州初录》《浮躁》引发激烈争论，有人指责"调子灰暗，把农民的垢甲搓下来给农民看，甭说为人民服务，为社会主义写作，连进步作家都不如"，可谓二起二落；90年代初期，《废都》从大红大紫到大黄大黑直至被禁,贾平凹被骂为流氓作家,可谓三起三落。面对上述大起大落,贾平凹默雷止谤,依旧默默笔耕,直到近年《废都》解禁,《秦腔》荣获茅盾文学奖,他个人当选陕西省作协主席、中国作协副主席,境遇才有了好转。几十年的坚韧坚守源于对振兴民族文学的执着追求。

骑士的品质之二是真实无欺。贾平凹说过作家是时代的忠实记录者。他不仅是这样说的,也是这样写的。在《秦腔》中,他冒着犯忌的风险,以家族人物为原型,记述了他们在变革中的喜怒哀乐和悲欢离合。他之所以这样写,就因为"我是作家,作家是受苦与抨击的先知,作家职业决定了他与现实社会可能要发生摩擦,却绝没有不良企图和罪恶"。他要为家乡树立起一块真实的碑子。

骑士的品质之三是对弱势群体的关注和鼓与呼。纵观贾平凹数十年的创作历程,除《废都》是写城市生活外,其余作品几乎都是描写农村、农业和农民的生产和生活。中国是一个农业大国,农村的沧桑变革,贾平凹的作品中都有记录,可以说贾平凹的作品就是一部生动形象的中国农村变革史,是一部新时期中国农村的百科全书。

骑士的品质之四是对女性的关怀和赞美。不论是成名作《满月儿》中的满儿和月儿,还是《废都》中的牛月清、唐婉儿;不论是获茅盾文学奖的《秦腔》中的白雪,还是《带灯》中的带灯，不止小说中对女性的刻画，还有《我不是一个好儿子》《写给母亲》等散文中对母亲等众多女性的描写，塑造了一系列新的女性形象，成为中国文学乃至世界文学宝库中的瑰宝。

骑士的品质之五是具有浪漫情怀。散文《游寺耳记》末尾记述于青山绿水的山区吃饭后，作者写道："付钱一元四角，主人惊讶，言只能收二角。吾曰：清净值一角，山明值一角，水秀值一角，空气新鲜值八角，余下一角，买得余高兴也。"《带灯》中的带灯在乡镇繁杂甚或沉闷的工作中，通过给远在省城的秘书长写信寄托自己的情感和理想，这就是浪漫情怀。

所以贾平凹荣获骑士勋章，是实至名归，受之无愧。但愿贾平凹这位文学骑士在文学之路上，老骥伏枥，志在千里，马不停蹄，所向披靡。也祝愿中国文坛涌现出更多的"骑士"和英雄，为中国文学走向世界披荆斩棘，跑马圈地，攀越顶峰，再立功勋。

事实上，贾平凹及其作品在不断地走向世界。仅近两年来，山东人民出版社就推出贾平凹小说集《晚唱》《冰炭》并以俄文、阿拉伯文、乌尔都文、哈萨克文、波斯文、泰文六种文字输出到俄罗斯等六个国家，为"一路一带"增砖添瓦，为世界文学增光添彩，为中国文化走出去作出新的贡献，成为中外文学文化交流的纽带和桥梁之一。

2017年3月22日，澳门大学举行澳大荣誉博士颁授仪式，向贾平凹颁授荣誉文学博士学位，表彰其为推动当代汉语文学所作出的卓越贡献。同场亦进行澳大荣誉博士讲座，贾平凹以"当下的汉语文学写作"为题开讲，犹如一场极富启发性的文学盛宴，吸引众多澳大师生、公众参与，全场不仅座无虚席，而且两旁的通道也站满了人。

在颁授典礼上，澳大校监崔世安代表、社会文化司司长谭俊荣在澳大校董会主席林金城、校长赵伟的陪同下向贾平凹颁授荣誉文学博士学位，全场响起热烈的掌声。赵伟校长表示，中国文学为澳大重点发展的学科之一，一流的大学都应拥有一流的本国语言文学专业。近年，中国语言文学系在各方面努力下，学科建设取得了长足的进步，拥有由一批著名专家组成的学术队伍，其发展水准已经达到与台湾大学、北京大学和香港大学等院校中文专业共建世界顶尖学术平台的程度。这些成就与这个学科拥有王蒙、莫言、余光中、金庸、白先勇等著名文学大师所组成的荣誉博士队伍息息相关。贾平凹的加入，更加强化了这个队伍的影响力，更有利于澳大中文学科的进一步发展。

澳大人文学院院长靳洪刚宣读荣誉博士赞辞：

著名文学家贾平凹先生，充满才情、能量和魅力，他的名字和创造，注定与时代连在一起。他写诗，向文坛和诗坛贡献了一片炫美的《空白》。他的诗中闪烁着哲理的深度，散发着一种和谐而深远的诗性意趣。

　　他写散文，读他的散文，犹如走进原始森林，古朴、宁静而又绚烂、缤纷，带着一种不无神秘的气息，唤起一种畅快无垠的遐想。

　　他写小说，向世界汉语文化界做出了独特的、丰富的、厚重的奉献。他的中短篇小说意蕴遒劲，意涵深远，意绪缠绵，非常耐人寻味；他的长篇小说代表作有《商州》《浮躁》《废都》《白夜》《秦腔》《古炉》等，气度恢弘，大气磅礴，以历史的烟尘书写时代的疼痛，以精彩的故事讲述人性的悲怆。

　　他画画，写书法，他的书画充盈着三秦大地的浑厚与灵性；他收藏，玩古董，他的文化情怀向历史的纵深处和意义空域的边缘渗透、投射与迁延。

　　他是一个新时代的文人，拥有传统文人向往的无边才情，在厚重的历史文化平台上塑成了可观的当代景象，显现着可敬的当代气象。他的文学和艺术创作充满着逼人的创造力，从三秦大地边沿的高寒与旷远中，他像一个精神文化的魔法师，变幻莫测地搅动并呈现中华文化内核里的韧性。

讲座上，贾平凹用独特、生动、有趣的陕西方言演讲，就当下的汉语文学写作现状及未来发展发表见解，表示作家需要在充满大变动的时代背景下进行独立的思考，没有现代意识的作家是很难立足的，没有独立思考的作家很难创作出让读者满意、历史承认的作品。在新的社会发展背景下，作家要用新的思维、新的眼光审视社会。

澳大中国语言文学系主任朱寿桐主持了问答环节，听众非常踊跃，大家饶有兴趣地用陕西方言、粤语、普通话提问，赵伟也参与了互动提问环节，贾平凹博士分别做了细致耐心的解答，现场气氛十分热烈，笑声不断，掌声不断。朱寿桐教授总结时表示，贾平凹的演讲精彩，他把文学与时代、作家与现实这样一种两难的关系真实地展现在我们眼前，就像郭沫若评价屈原的《离骚》所说的那样："这是他的血，他的泪，他的自白书，他的忏悔录。"

3月23日，澳门大学人文学院中国语言文学系在工商管理学院演讲厅与澳门文艺评论家协会、澳大南国人文研究中心、君隆名人论坛合办"贾平凹文学研讨会"。四十多名来自陕西、上海、江苏、广东、四川以及中国澳门的专家学者，与澳大师生等围绕贾平凹文学创作与文学事业进行学术交流。澳大中文系客座教授杨义指出，此研讨会思想交锋火花四溅，还原出当代作家的文学生命。

研讨会由澳大中国语言文学系主任朱寿桐主持,他表示,澳大荣誉博士贾平凹在日前讲座中以其文学艺术和思想的光芒把澳门照得通体透亮,在媒体上成为最主要的关键词。澳大人文学院院长靳洪刚致辞表示,贾平凹是时代的文学巨子,需要专业的文学评论家和学者进行深入研究。澳门立法会议员施家伦说,澳门是一片文学的乐土,文学创作和文学评论相当活跃,此次文学研讨会,可以促进澳门文学的进一步发展。

与会学者对贾平凹的诗歌、小说、散文、书画艺术等从不同的学术视角进行了研究和批评。

2017 年,是贾平凹作品在海外翻译出版的丰收年,由葛浩文翻译的英文版《废都》、陈安娜翻译的瑞典文版《秦腔》、吉田富夫翻译的日文版《老生》、安博兰翻译的法文版《古炉》《带灯》和意大利文版《高兴》、胡宗锋和留学生罗宾·吉尔班克翻译的英文版《土门》相继出版。德文版《极花》、西班牙文版《极花》《秦腔》、阿拉伯文版《废都》和瑞典文版《怀念狼》等作品也在翻译之中,即将出版问世。

2017 年 8 月 23 日,亚马逊宣布在其全球 14 大站点同步首发贾平凹的长篇小说《高兴》(Happy Dreams)英文版。

2017 年 11 月 17 日,贾平凹、诺贝尔文学奖评委埃斯普马克、瑞典翻译家陈迈平、张清华、余华、李洱、欧阳江河等人出席由北京师范大学国际写作中心举办的"通向世界文学之路:东西方的不同视角"国际学术研讨会。

2017年12月29日,贾平凹长篇小说《土门》英文版由英国峡谷出版社出版,在西北大学举行全球发行仪式。《土门》是贾平凹1996年创作完成的长篇小说,围绕乡村与城市的争斗展开,讲述了一个村庄城市化的过程。该书首版由春风文艺出版社在1996年10月出版发行。二十多年来先后由长江文艺出版社、广州出版社、人民文学出版社、安徽文艺出版社、译林出版社等多家出版社出版再版发行。英文版小说由外国语学院教授、陕西翻译协会主席胡宗锋,西北大学英语文学博士罗

宾·吉尔班克、长沙师范学院贺龙平合作翻译。

2018年,是贾平凹作品在海外翻译出版的又一个丰收年,4月13日,在伦敦书展上,贾平凹第16部长篇小说《山本》三种中文版在国内出版不久,人民文学出版社就与英国

查思出版(亚洲)有限公司签署了《山本》英文版的版权输出合同。

8月15日,在贵阳召开的第五次汉学家文学翻译国际研讨会期间,贾平凹就长篇小说《极花》的翻译出版与德国翻译家郝慕天和埃及翻译家阿齐兹签约。

8月23日,在第二十五届北京国际图书博览会开幕之际,亚马逊宣布与贾平凹就长篇小说《秦腔》在海外的出版事宜完成了签约工作。2017年8月,贾平凹的《高兴》英文版 *Happy Dreams* 在亚马逊全球14大站点一经推出即广受好评,为响应"一带一路"倡议,亚马逊陆续又推出此书的印度版(英文),并有望推出阿拉伯版(阿拉伯语),将刘高兴进城打工的故事带给更多国家和地区的读者。此次新增的《秦腔》是贾平凹第二部被纳入亚马逊全球出版的长篇小说,将继续由韩斌女士担任翻译工作。英文版翻译完成后,亚马逊将把该书作为亚马逊美国网站中国翻译小说重点作品进行推广。

8月24日,在第二十五届北京国际图书博览会上,人民文学出版社举行贾平凹作品海外版权成果推广会,人民文学出版社与黎巴嫩雪松出版社签署了《老生》阿拉伯文版版权输出合同,该书将在整个阿拉伯语地区发行。

"每个作家都希望自己的作品走得更远一些,让使用不同语言的读者都能读到它,这是我的心愿。世界文学其实就是翻译文学，如果不翻译，谁也不知道你。因为陕西的很多方言读音是古音在民间以特殊方式保留下来的。只要对中国古代文学稍有了解，就会读懂方言。所以我特别佩服一些翻译家，翻译的过程也是重新创作了一次。我要对翻译家表示我的敬重，向他们致敬。"贾平凹如是说。

关于《废都》："它不是死得干脆，就是活得顽皮。"

王新民问（以下简称问）:《废都》构思于何时？为何名为《废都》？

贾平凹答（以下简称答）:打腹稿起于前年,创作欲的涌动更早。真正决定可以动笔了,其具体构思是在去年初。取名《废都》,基于在这之前我曾写过一个中篇也叫《废都》,但那个《废都》并未能表现我对一个特定的古都的认识和思考。所以,此《废都》不是彼《废都》。我是陕西本土人,进城前在乡下生活了十九年,入城却是二十一年了,从事创作以来,一直写乡下的生活,没有一部小说写到城市。写城市生活是我梦寐以求的事,我之所以迟迟没有写出,是我找不着一种感觉,即进入一种境界的角度,一种语感。在四十岁时的 1992 年,我终于有了觉悟,创作欲极强烈,我几乎越来越能看清我要写的一切,我就精神抖擞地动笔了。"废都"二字最早起源于我对西安的认识，西安是历史名城，是文化古都，但在很早很早的时代里这里就不再是国都了。作为西安人，虽所处的城市早已败落，但潜意识里，其曾是十三个王朝之都带来的自豪得意并未消尽，甚至更强烈。随着时代的前进，别的城市突飞猛进，西安在政治经济诸方面已无什么优势，这对西安人来说是一种悲哀，由此滋生一种自卑性的自尊，一种无奈性的放达和一种尴尬性的焦虑。西安的这种古都——故都——废都的心态是极典型的，我对此产生了兴趣。从某种意义上讲，西安人的心态恰是中国人心态的集中体现。这样我才在写作中定这个废都为西安城，旨在突破某一城市的限制而大而化之，来写中国人，来写一个世纪末的人。

问：《废都》创作初，有提纲吗？或画有结构图吗？

答：我的创作往往是不停地列提纲，不停地来鲜活人人事事，直到一切清晰，方定下最后提纲，这样的工作比实际操作时间长数倍，艰辛十倍。但是，这一次写《废都》，定下了提纲，操作时却全然打乱了，当动笔写到五万字，提纲已于我毫无作用，我只按着小说中的人事往下走，我几乎最后收拢不住了。因为我写的是一群男女的日常生活，一切要平实，语言不要任何人为的修饰，不需要任何主观性的渲染，日常生活是无序的随意的，所以我不能框得太死，不能人为地故意要什么故意不要什么。河流在心中只是有一个流动的方向，没有设计到什么地方有山、有湾、有桥的。我曾经对一个朋友讲过全部的人物关系，一边讲一边用笔在纸上画，讲完了，纸上竟出现一个互相交错的一张图。我喜欢对朋友说人物关系，旨在加深人物之间的关系，怕写时搞乱了。

问：《废都》的主人公有生活原型吗？

答：我对小说中的人物十分熟悉，他们是我二十一年城市生活中所接触过的人，但在《废都》里一旦确立了具体名姓，一切都是在虚构了。如我在平日吃饭，吃过牛肉、羊肉、猪肉、蛇肉，而我并不就长了一身牛的羊的猪的蛇的肉，我身上的肉只是人肉。

问：《废都》是否再次佐证作家要写自己最熟悉的生活？

答：我觉得是这样的。《废都》是我迄今写得最顺手最自然的一部书。我对文化圈的人事太熟悉，以至于知道十分只写出了一二分，在写作时常常因事情太多而不知该写哪一件。作品完成后，曾后悔有许多极有趣的事未能写进去。

问：书中的谣辞是你收集的还是他人提供的？谣辞在整个作品中起什么作用？

答：谣辞有我收集的，也有过别人提供的。有三个朋友给我提供过七八页纸的谣辞，我仅用了其四分之一。谣辞的运用是作为一个社会大背景来处理的。

问：有人说庄之蝶像"多余人"，你以为呢？

答：有人这么说了。我想了想，有这么个味儿。但我写时脑子里没有闪过这个词。庄之蝶是废都里一个奋斗者，追求者，堕落者，觉悟者，牺牲者。他活得最自在，恰恰又最累，又最尴尬。他一直想有作为，但最后却无为，一直想适应，却无法适应。

问：《废都》塑造了一群女人，哪个你最满意？

答：我满意唐宛儿、柳月、牛月清。

问：周敏在城墙上吹埙，埙声回荡于作品中，是否就是作品的一种基调？

答：可以这么说，埙声是《废都》的基调，最宜于《废都》。它吹出的是一种人生的悲凉。废都里的人不悲壮，也不凄凉，只是悲凉。

问：据悉，你写作时，曾随身带着某女作家的一本诗集，是否从中汲取素材或感受什么的？

答：是的。这位女作家叫范术婉，她声名不大，但我极欣赏她的才气。她的诗集给我许多感受，我从中得到了许多关于女人的感觉。我再次向她致谢。她的才华确实在千人之上。

问：据说在国内许多地方的订货会上，《废都》被订了几十万册，中国电视剧制作中心和许多省市电视台，以及许多电台在极短的时间里就来洽谈合作事宜，这是否出乎你的预料?

答：在作品写完后，我有两个估计，一是此书或许不得发表、出版，或许将红火。它不是死得干脆，就是活得顽皮，反正不会不死不活地存在。

问：对广大读者，就《废都》你还想说些什么?

答：我希望读者喜欢《废都》，如果读，我希望读得慢一些、细一些。这部书没有传奇色彩，无大的故事。但我知道现在许多人已经不能安静地读书了。

永不熄灭的《带灯》

——《带灯》读后感

癸巳岁末，"2013年度中国好书"（共25部）揭晓，贾平凹长篇小说《带灯》位居其中，名列第四。在中国大陆当年出版的三十万种图书中脱颖而出，实属难能可贵。它贵在何处？好在哪里？

且看刊载在《中国新闻出版报》上的点评："带灯"是秦岭山区樱镇的一名乡镇干部，她原名叫"萤"，即萤火虫的萤，像带着一盏灯在黑夜中巡行。这个名字也显示了带灯的命运，拼命地燃烧和照亮，却命里注定微弱无力。所负责的琐事让人心烦又让人同

情,带灯在矛盾中完成着自己乡镇干部的职责,她既不愿意伤害百姓,又要维持基层社会的稳定。《带灯》以文学画卷定格众生苦难,以幻化笔墨勾勒人间彼岸。

说实话,我自小喜爱昆虫中的光明使者——萤火虫,在乡村的黑夜里,这身体黄褐色,腹部末端能发光的小虫子给人温暖和光亮。我痴爱《带灯》,在出书前,曾购买连载该作的《收获》杂志,一睹为快,也曾向作者借阅其手稿复印件再读之,并复印了一套手稿复印件以作留念,也写过读后感。

贾平凹以实录的笔法用文学画卷定格众生苦难,为我们展示了基层的艰难困苦。贾平凹多年来一直关注"三农"问题,写出了一系列农村题材的作品并以此闻名于世。一个女乡镇干部也晓得他的大名,并给他发短信告知自己在乡镇工作的酸甜苦辣、悲欢离合,引起贾平凹的关注,他亲自去找乡镇干部采访,与乡镇干部和百姓零距离接触,访贫问苦,体察民情,酝酿构思,终成《带灯》。

贾平凹又以生花妙笔、幻化笔墨勾勒人间彼岸。带灯之所以改名字"萤"为"带灯",是因为她看到字典上说萤火虫吃腐草而生存,嫌其腐败。她要追求光明,虽身在基层,却心系天下,尽管在基层工作很辛苦,分管的综治信访工作极繁杂,有时吃苦不落好甚或受委屈,她却出淤泥而不染,追求着自己的梦想,她给樱镇籍的作家、省委秘书长元天亮写信倾诉自己的所见所闻所感所思，写信成为她的日常生活内容之一，也成为她的精神寄托。她是人间观音，为解除百姓痛苦日夜奔波操劳，她是现世地藏菩萨，地狱不空誓不成佛，奋不顾身救苦救难。

《带灯》的结尾富有象征意义：就在这时，那只萤火虫又飞来落在了带灯的头上，萤火虫越来越多，落在带灯的头上、肩上、衣服上。带灯如佛一样，全身都放了晕光。这萤火虫的晕光虽不像巨灯耀眼辉煌，但它温暖人间，照亮道路，指引彼岸，使人们犹有梦想，看到希望，趋向前途。

鲁迅先生说过："文艺是国民精神所发的火光，同时也是引导国民精神的前途的灯火。"善哉斯言，贾平凹的《带灯》是对斯言的忠实而给力的践行。当下中国太需要《带灯》这种不无悲剧色彩却给人以正能量的好作品，这样真实甚或逼真而又充满梦想和希望的作品入选 2013 年度中国好书，真乃实至名归，当之无愧！

2014. 1. 5

"通过《老生》写出整个中国"

　　我最早拿到的《老生》，不是书，而是全文刊载该作的《当代》杂志。因为刊载《老生》，这一期《当代》在西安脱销，我在单位附近十几个报刊亭寻找无望的前提下，托陕西报刊发行局的老张和万邦书城的小张，通过他们的渠道辗转从北京搞

到了一本。

　　打开《当代》杂志，跟着书中的老师读《山海经》，随着唱师唱阴歌，发生在秦岭山中的百年历史扑面而来。20世纪60年代前的战争、革命、土改，生在60年代初的我虽无缘经历，但也听老人讲过一些，通过莫言等作

家的作品也了解了一些,但这次读《老生》,随着唱师的讲述,我对这些早已尘封的历史有了全新的了解,就说土改,中央的大政方针不错,但到了基层,遇到了马生那样的歪嘴和尚,就难免把经念歪,损害了人民群众的利益,也玷污了党和政府的形象。

给人印象最深的是对假冒伪劣现象和事件的描述,假柿饼把孕妇吃得流产几乎丧命,用福尔马林泡核桃仁、豆芽等干果蔬菜,使食用者拉肚子、头晕,当工作组到当归村调查时才知道当地农民自己也不吃有公害的东西。书中所描写的老虎事件是以几年前发生在镇坪县的"周正龙老虎事件"为原型的,当老虎事件被认定是假冒后,戏生回家后给老婆荞荞诉苦时仍然说:我真的见到真老虎了,他们说我哄了他们。荞荞说:你没哄了他们,你哄了你!真是假作真时真亦假啊!多年来政府开展打击假冒伪劣产品等的"双打"专项行动在一定程度上遏制了假冒伪劣,但依然任重道远。

《老生》由四个故事组成,每个故事前引用一段《山海经》作为引子,不仅是引经据典,而且使全书显得混沌苍茫。或如作者在后记中所言:《山海经》是写了作者所经历过的山水,《老生》的往事也都是我所见所闻所经历的。《山海经》是一个山一条水地写,《老生》是一个村一个时代地写。《山海经》只写山水,《老生》只写人事。也就是说《老生》中的人事都是发生在《山海经》所写的山水之间，或者说《山海经》所写的山水见证了《老生》中所写的人事。贾平凹近年来嗜读《山海经》，在后记中他坦言：《山海经》是我近几年来喜欢读的一本书，它写尽着地理，一座山一座山地写，一条水一条水地写，写各方山水里的飞禽走兽树木花草，却写出了整个中国。不言而喻，贾平凹也希望通过《老生》写出整个中国。

《老生》中的唱师和领着学生读《山海经》的老师一样有作者的影子，或者说是作者的代言人。唱师所唱的阴歌也称孝歌，是流行于商州一带甚至整个陕南的一种民歌，是唱给亡灵和活着的人听的，是对死者的盖棺论定和追思悼念，也是对活人的警示和安慰。贾平凹过去的作品也引用过孝歌，但数量很少。《老生》中不时通过唱师之口唱阴歌，唱出了人生的酸甜苦辣、悲欢离合和生老病死，唱出了日月明光、阴晴风雨和世态炎凉，也唱出了天地苍黄、地府阎王和世事的沧桑巨变，正如唱师所唱："唱师唱师，我为亡人唱歌，可唱妖怪可唱神，可唱盘古和混沌，可唱生时和死地，可唱贫穷和富贵，可唱革命和改革，可唱人心和天意。"天地人心和世事变迁在唱师所唱的阴歌中曲折地表达出来，给人以"念天地之悠悠，独怆然而涕下"的悲怆感。

贾平凹曾经说过，要做时代的记录者。多年来，他创作的作品尤其是十几部长篇小说堪称中国城乡尤其是农村变革的百科全书,20 世纪 80 年代后期创作的《浮躁》记录了改革开放初期农村的巨变;90 年代初创作的《废都》刻画了转型时期城市知识分子的蜕变;90 年代后期创作的《土门》《高老庄》描绘了城乡的变迁;新世纪初期创作的《秦腔》《高兴》反映了城镇化进程中农村及农民的沧桑;之后创作的《古炉》杀一回马枪,追述了"文革"在乡村引发的一系列变故;再后来的《带灯》将笔触前移至基层当下发生的事件。如果说,上述长篇小说是不同时代的横断面或断代史的话,那么《老生》则是百年乡村历史生动的通史,堪称一部史诗性的巨制佳作。对于时下回顾反思我们民族百年历史具有重要的参考意义和现实意义。

尴尬的还乡与无奈的逃离

——贾平凹长篇小说《极花》读后感

毋庸讳言，随着农村衰落和城市化进程的加快，加之相应的社会保障配套举措不到位，到城市打工的农民工及其子女的生存、就学、就业、婚姻状况不尽人意，预期心理、前途不甚明朗，导致一系列社会问题接踵而至。早在十年前出版的《秦腔》一书中，贾平凹就借村长夏君亭之口道出了农民到城市打工的真实秘密所在："农民为什么出外，他们离乡背井，在外看人脸，替人干人家不干的活，常常又讨不来工钱，工伤事故还那么多，我听说有的出去还在乞讨，还在卖淫，低声下气地乞讨，谁爱自己的老婆女儿卖淫，他们缺钱啊!"为了挣钱和谋生，他们来到城市，但城市的岗位有限，公共服务有限，社会保障有限，农民工就只能住得差，吃得渣，干得扎，即使如此，生活仍旧艰难，前边的路是黑的，年龄大的父辈们的农民工尚且忍耐着艰苦的劳动和非人的待遇，而年轻的一代农民工却不然,他们是被宠爱甚至溺爱的小皇帝,独生子女却缺乏独立精神,缺乏父辈们的吃苦忍耐和任劳任怨的精神,梦想着到公司、酒店从事既体面轻松又收入较高的工作,于是就出现《极花》中蝴蝶的遭遇——因被诱骗到一个子乌虚有的喜来登酒店去工作而被拐卖——有幸被救回——不料尴尬还乡——无奈逃回到被拐卖的他乡。《极花》写出了如此匪夷所思却是客观存在的现实。

贾平凹在《极花》后记中说所写的题材来自在西安打工的老乡的真实故事,这个故事早在八年前出版的《高兴》一书后记中就讲述了梗概,最后写道:"这次成功解救,使我和老孙(见喜——笔者注)很有了成就感,我们在三天内见了朋友就想说,但三天后老汉来感谢我们,说了解救的过程,我们再也高兴不起来。因为解救过程中发生了村民集体疯狂追撵堵截事件,他们高喊着:我们为什么就不能有老婆?买来的十三个女人都跑了,你让这一村灭绝啊?!后来就乱打起来,派出所所长衣服被撕破了,腿上被石头砸出血包,若不是朝天鸣枪,去解救的人都可能有生命危险,老汉的女儿是跑出来了,而女儿生下来的不足一岁的孩子没能抱出来。这该是怎样的悲剧啊,这边父女团圆了,那边夫妻分散了,父亲得到了女儿,女儿又失去了儿子。我后来再去老汉那儿,老汉依然在拾破烂,他的女儿却始终不肯见外人。"

没料到后来老汉的女儿不堪媒体和人们的骚扰，难以在本地生活，也不愿再嫁他乡，还是跑回到被拐卖的村庄和儿子、丈夫团聚了，贾平凹在《极花》后记中一开始就写道："人走了，他说，又回，回那里去了。那一幕我至今还清清晰晰，他抬起头来看我，目光空洞茫然，我惊得半天没说出一句话来。他说的人，就是他的女儿，初中辍学后从老家来西安和收捡破烂的父母仅生活了一年，便被人拐卖了。他们整整三年都在寻找，好不容易经公安人员解救回来，半年后女儿却又去了被拐卖的那个地方。"这看起来似乎荒诞不羁的故事却是实实在在发生在今天的中国西部。

不可否认，改革开放三十年，中国大地发生了翻天覆地的变化，成为世界第二大经济体，但也要清醒地看到在西部甚至中部的乡村，不少地方依旧贫穷落后，难以生存，适逢城市化，不少农民涌入城市寻求生路，尽管生活条件较差甚或恶劣，也缺乏应有的社会保障，尊严体面也谈不上，甚至人身安全也面临着危险，但为了改变命运，他们前赴后继，拖家带口来到城市打工。生活是残酷的，城市不相信眼泪，他们日复一日的劳作却换不来应有的回报，没有像城市人拥有自己的住房，只能租房，徒叹"长安居，大不易"；没有稳定而较高的收入，供不起儿女读书，只能让儿子读书，而牺牲女儿的学业；女儿迟迟不能就业，为了给父母分忧解愁，减轻经济负担,就寻找工作,结果上当受骗,被拐卖到偏僻的农村,被蹂躏和损害。被解救后又遭到媒体的骚扰和人们的指指戳戳,连贫穷而平静的生活也过不成,不愿再被迫改嫁他方,无奈之下不得不逃回到被拐卖的地方。

也许有人说,那蝴蝶一家为什么不回到老家呢? 水向低处流,人向高处走,一是他们不愿回到老家那种落后愚昧的生活状态,二是老家已经不可能回去了。正像贺雪峰所指出的那样:"传统的乡土文明已经解体,传统的农民已经蜕化,传统的田园风光已经消失,当代农村已经难以给农民提供一个有效的生命意义系统。在工业化进程设置的一道道厚重的钢筋水泥墙壁阻拦下,返乡的道路已经断绝。背乡进城的打工者实际上已经成了无家可归者,这才是进城打工者死不还家的根本原因。"故乡不可回,城市待不住,蝴蝶只好又回到被拐卖的地方,在那里有她的家——在村里算是富裕户,丈夫黑亮勤劳能干,跑运输,开商店,对她也不错,何况还有被迫做爱的结果——不到一岁的儿子嗷嗷待哺。不可否认,政府始终是重视新农村建设的,笔者所在的新闻出版广电系统近年来也投入大量的人力财力和物力建设农家书屋、广电村村通等,但事实是只有在交通较为发达、人口较多的行政村才能发挥较大的作用,产生良好的效益,而在那些地处偏僻、人口稀少的农村作用有限、效果甚微,为何? 因为村里的青壮劳力或有文化的年轻人几乎都到城里打工去了,村里只剩下病残妇女、留守儿童和孤寡老人,或没有文化、没有技术、没有资金的男人,只有他们仍"剩"在村子里,靠天吃饭,遇到灾年没有保障,靠地吃饭,饿不死也吃不饱,没有能力娶妻生子,于是就从人贩子那里买女人,于是偏僻农村就成为人贩子拐卖或贩卖妇女的广阔市场。笔者的亲朋里就有被拐卖至今杳无音讯的。在《极花》的结尾处,当派出所解救蝴蝶时遭到村民们的疯狂反扑抢夺,他们叱骂派出所所长:"你解救拐卖妇女哩,我日你娘,你解救了我们还有没有媳妇!"连村长也在喊:"把蝴蝶先抢回来! 抢蝴蝶呀!"指挥村民抢夺蝴蝶,穷凶极恶可见一斑。

这使我们想起马克思关于人的本质的异化的论述。马克思说:"人的类本质是指人作为一个整体来活动的,在这种活动中,人把自然界当作自己的无机身体。"类的异化是自然界和人的生命活动从主体分离出去,"异化劳动,由于使自然界,使人本身,使他自己的活动技能,使他的生命活动同人相异化,也就是类同人相异化;对人来说,它把类生活变成维持个人生活的手段。第一,它使类生活和个人生活异化;第二,把抽象形式的个人生活变成同样是抽象形式的类生活的目的。"即把作为人的本质的自由自觉的改造世界的活动"变成与人异类的本质,变成他的个人生存的手段"。这就是说,劳动者被剥夺了他的类的生活，即人的生活，他的活动同蜜蜂、海狸、蚂蚁的"生产"就没有什么根本区别了。人失掉了自己的本质，人就不再是人而是非人了。在村民甚至村长看来，蝴蝶不是偷的也不是抢来的，而是用钱买来的，就像牛马一样是一种劳力和生产工具，生产孩子和粮食。马克思指出在货币中"表现出异化的物对人的全面统治"，货币不仅成为一种交换媒介，而且成为统治人们的异己力量。可憎的人贩子为了钱拐卖妇女或儿童；可怜的村民为了生产所需的劳力和家庭传宗接代用钱买媳妇和儿童。就像盗版出版物，不法书商以其牟利并满足贪图小便宜的低层次读者。

早在几十年前，鲁迅先生就在《娜拉出走之后》一文中指出："娜拉或者也实在只有两条路：不是堕落，就是回来。因为如果是一匹小鸟，则笼子里固然不自由，而一出笼门，外面便又有鹰，有猫，以及别的什么东西之类；倘使已经关得麻痹了翅子，忘却了飞翔，也诚然是无路可以走。还有一条，就是饿死了，但饿死已经离开了生活，更无所谓问题，所以也不是什么路。"年轻的蝴蝶当然不想堕落，那就只能选择重返，重新回到她赖以生存的地方去，不得不将他乡做故乡，虽然也很不理想，也很无奈，但在当前却是较为现实而明智的选择，那就是安身立命，即使这种安身立命是低层次的温饱型的，但设身处地替蝴蝶想一想，也不无合情合理，不乏人情亲情，或如黑格尔所言："凡存在的都有其合理性。"这就是一个不能不面对的地区之间、城乡发展不平衡的国家现阶段的客观现实。

西方哲学家说过：悲剧就是把美毁灭给人看。或如贾平凹在《极花》后记中所言："现在的小说，有太多的写法，似乎正时兴一种用笔很狠的、很极端的叙述。这可能更合宜于这个时代阅读吧，但我却就是不行。"贾平凹虽然写的是《极花》，用笔却不极端，这源于作家的慈悲情怀和人性立场，源于精神在场，源于作家对现实的热望。当然，呈现在我们面前的现实也是令人欣慰和鼓舞的，改革在不断深化，现实生活在不停推进，民生举措在不断完善，去年先后召开的全国扶贫工作会议、全国经济工作会议和城市工作会议出台的一系列大政方针对农民工户籍改革、住房保障改革和养老保险改革指出了方向，因此农民工的生存状况将会逐渐好转，少些尴尬，多些尊严；蝴蝶之类的悲剧也许就会日益减少，少些逃离，多些安居乐业。这不仅是亿万农民工的期盼，也是作家和读者的期望。

2016 年 1 月 2 日

《平凹游记选》等书出版追记

　　我和贾平凹相识相交是从编他的作品集开始的。那是1985 年的初春,我在陕西人民美术出版社旅游编辑室工作。我们计划编辑出版"旅游文学丛书",我主要负责其中的"游记文学系列"的组稿和编辑工作。当时,平凹的文名正盛,中篇小说不断引起轰动,散文游品也连获全国大奖,愈来愈受读者喜爱,正如贾平凹研究专家费秉勋先生所说:"与写小说相比,写散文似乎更能见出贾平凹的才情和艺术素质。他的散文确实写出了特色,写出了个性,在全国能自成一家。"(引自《贾平凹论》)。

　　当时,其散文集《月迹》已脱销,《爱的踪迹》也由上海文艺出版社推出,赢得一片赞美声,后来又荣获首届全国散文(集)奖。细心的读者也注意到了,游记在这两本散文集中占了相当大的比例,其中的《月迹》《延川印象》和《走三边》纷获

全国大奖或省级奖励。与此同时，未收入两书中的游品《宿州故涉台龙柘树记》和《商州初录》也在全国获奖。即使未获奖的众多游记，其品位之高、享誉之盛，也令文坛为之震动，以致有人断言，20世纪80年代将是贾平凹散文游记称雄文坛的时代。但令笔者在内的广大读者遗憾的是，那时竟未出版过一本平凹游记集。

鉴于此，我首先想到了编辑《平凹游记选》，作为"旅游文学丛书"之一。和平凹的挚友孙见喜谈了以后，他很是赞赏，并乐于同我一块去平凹家商谈。当时平凹家门庭若市，正如《贾平凹之谜》中所写的那样："贾平凹忙在接待的漩涡之中，又是编剧，又是导演，又是演员、记者、编辑、批评家。他几乎同时接待众多的来访者，要回答他们的问题，要向他们谈生活。要给他们写稿。"当时我也有顾虑，心想咱是个小编辑，和平凹又不熟，但为了工作，为了满足广大读者的愿望，我这个初生牛犊还是鼓足了勇气，在孙见喜的引领下叩响了贾平凹家的门。

　　果不出所料，平凹家不大的会客厅内宾客济济，但也正如朋友所说，平凹是个平易谦和之人。落座之后，几句寒暄，我的拘谨便渐渐消除了，很快就谈到了正题，也许如见喜所言，平凹被我的"磨劲"（其实笨舌笨嘴的我并未费多少口舌）和真诚所动，竟出人意料地爽快地接受了我的组稿，但说需一段时间搜集整理和编选。我知道他极忙，不想鞭打快牛，却也不知道是急读者之所急还是急我之所急，以后还是几次自觉不自觉地去他家催稿。在他家，他或征求我的编选意见，或询问我对其作品的感觉，可见他的编选是非常认真严谨的。

　　到了7月，他顶着烈烈炎日，送来了编好的稿子，第一页上正楷地写着"平凹游记选"五个大字，足见其郑重其事。这虽是平凹的第十四本书了，但作为游记专集，却是第一本。不久，平凹增加了几篇写关中的游记，这样一来，全书共收游记五十八篇，既有描绘河西走廊雄浑壮阔景象的《河西游品》，也有描写故土的《商州又录》。《黄土高原》透出浑厚、纯朴、高亢犹如信天游的气息，《入川小记》则写活了天府之国的富饶和灵秀。作者徜徉古迹名胜之际而抒思古叹今之情，流连山水风光之间而悟人生社会哲理。身临平常之地而发常人未发之语，涉足奇险之处而得意忘形披露心迹。上至天空云雾星月,下到水中鱼龙虫鳖,乃及人间风土人情、世态心绪、古貌新颜、草木花鸟,无不品得有滋有味。由于平凹深得中国哲学之精华,尤悟知老庄禅佛之奥妙,又吸收了西方现代哲学之精髓,故思想深刻独到,常有惊世骇俗、发聩振聋之语,并善融哲理诗情画意和风俗于一体,浑然天成。至于文笔,则古朴素雅而不乏现代生活气息,幽默冷峻但令人回肠荡气,细腻入微而不失大气象,纵横捭阖又潇洒自如自成一格,具有独特的创作个性和审美个性,有着强烈的艺术魅力和心灵征服力。难怪有人称 80 年代是贾平凹散文游记称雄的时代。

初审完稿,我如饮醍醐,陶醉不已。鉴于平凹的《陕西小吃小识录》写出了陕西的风情,可以帮助读者更好地了解陕西,若把平凹游记比作美酒,那么小吃佐美酒,吃香喝辣,岂不相得益彰? 因此,我特建议把《陕西小吃小识录》附录在书尾,平凹同意了。接着,我请著名装帧设计艺术家王艺光先生为该书设计封面。王先生很欣赏平凹的才气和作品,因此想设计成简精装,以使整本书显得更精美,但后来因考虑到成本而未能如愿。

清样出来了,我送了一份给平凹,过了一周左右,他送回了清样,并在清样袋上写道:"新民:①我校了一遍。②《小吃小识录》(即《陕西小吃小识录》——笔者注)错字多,但我这里没有清样(应为原稿)可校,您查查原稿,望校之。平凹。"
字里行间透着认真精神。遵嘱,我细心地将清样校了一遍,
并迅速送印刷厂改正再打样。印刷进展相当顺利,但征订却
颇为缓慢。当时,发行渠道已患上了"肠梗阻",但未料到《平
凹游记选》也难逃劫难。报来的订数竟只有八百册,少得令
人吃惊和诧异。经与总编和发行部主任磋商,决定社里备一
千册货,但还是不够开印基数,这可怎么办?

　　无奈之下,我只好很不好意思地如实向平凹通报,这无
疑是给他忙中添忙。平凹听后,不像有些名人火冒三丈,大
发脾气,把出版社和书店臭骂一顿,而是默默地协助出版社
做起工作,他通过商洛的老师朋友联系商洛新华书店订了两
千册,又把稿费垫上,包了一千册,这样,《平凹游记选》终于
凑足了四千册的印数,于 1986 年 8 月出版了。

　　《平凹游记选》出版后,很快引起了反响,《西安晚报》发
了书讯,许多读者来信来电甚至跑到出版社打听购书之处和
有关事宜。因发行不力,许多读者买不到《平凹游记选》。但
作者仍要按约拉回自己所包的 1000 册书,这虽类似生女养
女又要想法嫁女一样,但书店这个媒婆子瘫痪在床,不为你
牵线搭桥,你又能奈它何? 撇开书店不论,就说当时我陪平
凹妻韩俊芳大姐去出版社库房提书的经历吧。好不容易在
北关的小背巷里找到了书库,请来了各路神仙,办理了一系

列手续，谁知临走时还是发现了问题，由于会计的疏忽，少给作者折算了一百本书，此后我催问了数不清的次数，但由于管理混乱，这笔账至今未能查出。作为责任编辑，我以为自己未尽到责任，觉得有一块石头未落地，压在心里怪不是滋味。设身处地想想：作者辛辛苦苦创作、整理、编选、包销，到头来，又少斤短两，心里会是什么滋味呢？我觉得愧对平凹，有一段时间我甚至不好意思见平凹夫妇。但平凹夫妇并不计较，也未放在心上。当我提起此事，他们反倒劝慰我不要再为此事费心了。他们待我一如既往，友好如初。

星转斗移，时来运兴。随着《浮躁》荣获飞马文学奖和三毛对平凹作品的高度评价，"贾平凹热"在神州大地上悄然兴起，其作品集也畅销起来，不少读者和书店向笔者和出版社打听《平凹游记选》，由于发行不力而藏在书库人未知的《平凹游记选》终见天日，不久便告售罄。但仍有不少读者欲购《平凹游记选》，平凹夫妇也说，不少朋友也向他们询问索要，看能否给他们调济一些。这时，我虽已调离出版社，但还是向出版社反馈了这些信息，建议再版《平凹游记选》。但出版社的有关领导却说：这些零碎数字，凑不够开印基数，是不好再印的。

当《平凹游记选》再版希望愈来愈渺茫时，我的另一个想法却越来越明朗，那就是重编平凹游记作品。其实，重编平凹游品是我的夙愿。早在 1986 年,《平凹游记选》出版后不久,我即闪过再编平凹游品续集的念头。1987 年,平凹游桂林、南宁的一组游记作品在《光明日报》陆续发表后,我曾向平凹谈及编选其游记续集的想法,他自谦地说数量不多,缓缓再说吧。1991 年初,三毛给平凹的信发表后不久,一次请平凹给某出版社挂历题字肘,我再次和平凹商谈编其游记的打算,并请他提供有关资料。因平凹甚忙,此事拖延下来。一晃到了 1991 年 11 月 26 日,孙见喜先生送我他责编的《贾平凹小说精选》时,我建议他编辑《贾平凹游品精选》(以下简称《游品》)等,作为《贾平凹小说精选》的姊妹卷。这正合见喜先生之意,当即商定由我牵头着手编选《游品》。

常言道:说起容易做起难。平凹游品发表的不少,但游品专集仅有笔者责编的《平凹游记选》一种,大量游记夹杂在各种文集里,一些近作尚未编进文集,散落在各种报刊里,收集之难,不言自明。如何下手呢? 我首先想到了平凹夫妇。给平凹夫妇打电话,平凹夫人韩俊芳大姐接了电话,听了我的打算后,韩大姐在电话上表示乐意帮忙,并约定次日面谈。第二天,我来到韩大姐的办公室,她边从提包里掏一本书边说:"平凹听说你编游品选,便让我将人民文学出版社刚寄来的《守顽地》样书捎给你,供你参考。"我急忙接过这及时雨般的样书,一边翻着,一边致谢。临走时,我请韩大姐再帮着搜集报刊上刊载的或未发表的平凹游品。她爽快地答应了。过了几日，我给平凹家里打电话，想催问韩大姐"组稿"事宜，接电话的是平凹，他说韩大姐病了。过两天有时间他帮我找找。但出版社突然通知我，两三天内必须交稿，所以只好仓促收兵了。

关于书名，是沿用"游记"还是改称"游品"，存在不同的看法。有人认为"游记"的称呼自古而然，未有人称"游记"为"游品"的，这样称呼，恐怕读者接受不了。但我坚持改称"游品"，其因有：一是平凹好用"游品"，如"河西游品""关中游品"等；二是平凹游品的确不同于一般的游记，它不是山水名胜、风土人情的简单描绘记述，而是在游览中评古论今、品味人生、指点江山、臧否人物、抒发情感、感悟哲理，因此，不称"游品"不足以反映其作品的特质；三是融汇明清小品精华的平凹游品的独特写法已为人称道，那么他对其作品的独特称呼也会为读者接受和喜欢的。后来的事实也证明了"游品"这一名称是被读者认可和欣赏的。

该书的体例，是按地域编排的。即分为"商州游品""关中游品""陕南游品""陕北游品""南国游品"和"丝路游品"六部分。这样编排不仅是为了井然有序，便于翻检，更主要的是想反映平凹足迹所涉之广及笔墨钟情之处。

商州游品位居最前，这因为商州是平凹生于斯、长于斯的故乡，也是他创作的根据地，所以他笔下的商州山石明月、风土人情，乃至树木花草、鸟兽虫鱼，都写得活灵活现、情趣盎然，令人品嚼不尽。若从文化气息讲，商州游品、陕南游品和南国游品流动着楚文化的韵味。关中游品、陕北游品和丝路游品则更多地充盈着秦文化的氛围，这些从不同侧面反映了平凹的多元文化素养及先秦文化对平凹创作风格的深刻影响，所以，这样的编排，有助于读者知人论事，对平凹的创作作全面的认识和宏观的把握。此外，值得一提的是，被读者广为传颂的《关中论》《秦腔》等篇，曾被平凹选入《平凹游记选》，从广义上讲，这几篇佳作也属于游品，但相对而言，或严格地讲，它们更接近议论文，故斟酌再三还是忍痛割爱，以体现编选角度之集中。笔者相信作者和读者是会理解其中的苦心的。

附录

《行余集》序

贾平凹

　　世上的坏人和好人是平均分配着的,所以在任何地方你都能遇着坏人或好人。王新民是好人。

　　好人老实,老实并不性钝,只是心存善良。在我接触过的文人中,有些是写大文章的,有些是写小文章的,大与小没有高下之分,如花卉成于色形,树木就为着粗壮,而写小文章的人中,很多曾写到过我。写我的,不论或褒或贬,只要真话真说,我都视为朋友,即使还不认识,也心向往之。偏有一些人,我不认识他,他也不认识我,却写我的秘闻隐私,随心所欲,胡乱编造,且一稿八投十投,赚取高稿酬。要赚容易的钱也是可以的,但把赚钱的生意建立在伤害别人的基础上,这就是坏人了。坏人在一定的时间里是活得很好的,又有钱,又有好身体,还常携着漂亮女人,似乎天忘了报应。这是因为坏人无羞耻心,不受道德规范拘束,能吃饭,又不失眠。但坏人最终下场不善,皆缘于他养成习惯的思维意识必会造成他与世事的全面相违。

王新民与我相识的时候,我们感觉里就已经很熟,近十年了,我却也并不是有酒有肉就想到他,他来了就来了,要走就走了,从未迎接送别。熟而平淡,这也是好人的交往。自家人是没有客气的,好人的好处就在于似乎并不见其的好处。他那时热衷写文章,这些年来虽编书编刊工作超常地繁杂,但劲头不减,文章越写越好,篇幅不大,观点分明,绝不为名逐利而趋炎附势,也不落井下石作投机;记叙个人生活,一片真情,论谈文坛事故,一腔真言。正由此,赢得普遍好誉,都说他好人好文。

好人的朋友多,他的这些小文章就有人肯来编,肯来出版。读这些文章,便知一个平凡人的生活的辛劳和快乐,便知这一时期文坛是是非非的驳杂,更知他纯朴的人格。写小文章从某种意义上讲较省气力,但写小文章又最易鉴定作者的好坏,有多少人敢把十余年来随着世事沉浮而写成的小文章成册出版却不删减修改呢?王新民敢。这就足见好人能长久的好处。

1997 年 11 月 9 日

在《贾平凹打官司》座谈会上的讲话

贾平凹

　　来迟了，很抱歉。本来在学校讲话应该用普通话。我说不了普通话。我用陕西话说，谈一下自己的感想。作为《贾平凹打官司》这本书的主人公，也作为这场实际官司的当事人，参加这个会，我很高兴。首先感谢陕西人民教育出版社、陕西省图书评论学会、陕西省版权代理公司、陕西福锦米业有限公司、西安市九十八中朱雀文学社联合召开这个座谈会。这本书出来后在社会上产生很大的影响。这是一次很特别的座谈会。在一个中学、在一个文学社，面对年轻的学生，开这个会，很有意义。在此，感谢法律的公正，感谢社会各界和朋友们的支持。羿克律师多年来依法抗争，使这个官司取得了胜利。王新民在这场官司取得阶段性胜利后又写了这本书。陕西人民教育出版社又把书出版发行到社会上，这一切，我深表感谢。

今天第一次来到九十八中，以前没有来过，很抱歉。第一次接触朱雀文学社，见到这么多的同学，很高兴。在朱雀文学社召开座谈会，学校很重视，校长在这儿主持会议，王恒泰老师跑前跑后。学生发言刚听了，相当不错。像张静波老师谈的那样，给人以希望。回想自己当年，在偏僻的农村区上上中学，对"文学"这两个字很生疏，几乎没人提过这两个字，条件比现在差多了。在座的或许过几年就成为作家，某一天就会把在台上坐的人打倒，超过了。盼望大家很快成长起来，写出好的作品。

通过打这一场官司，我自己增长了好多法律知识，也了解了中国的社会，了解了各个方面的人物。通过四年打官司，我知道了社会上什么是坏人，当然这儿说的好人、坏人概念是很简单的划分。但这种划分说明问题。有昧良心的，马上不认账的，胡说话的。所以说在学校开这样一个座谈会，可以让学生从小了解社会，了解法律。这些好处比别的好处更多些。知道社会上确实有坏人，但同时也知道社会上确实有一大批的好人。毕竟正义是邪恶压不住的。这是我体会最深的。从某个意义上讲，可以说这本书是惊世之作，也是关于知识产权保护和反盗版的第一本书，是90年代出版界的一本很珍贵的资料。当然，这本书暂时还看不出它的作用，但是过若干年后，你要了解90年代在中国发生的盗版事

　　　　　　　　　　　　读懂贾平凹

情到底怎么样,通过这么一个具体的例子就可以看到好多的东西,所以从这个意义上讲,它是一本很珍贵的资料,而且写这么一本书,作者很认真,也很有心。自始至终他都详细地记录,每个阶段他都参与着。当然这个我也没有想到。后来他把书出了,我才知道新民这人很有心,做得很认真。事实很清楚,文笔很简炼,有深度,有知识,而且还有技巧,有特点。可以说是一本水平很高的纪实文学作品。我对这本书的出版表示祝贺,对王新民表示感谢。

参加这个座谈会,也认识了朱雀文学社。多年来和文学社打交道不多,原来和一个小学校的诗社打交道,那些学生现在都 20 来岁了,有些写得很多。学校成立文学社很重要,营造一种文学氛围,造就作家。现在看不出来,将来会越来越明显,这对提高学校知名度,搞好学习风气,都是大有益处的。祝文学社越办越好。

1999 年 1 月 17 日

(王辙根据林海录音整理)

王新民作品研讨会贺词

贾平凹

我因特殊情况不能赶去参加会议，谨向王新民先生致意，并祝研讨会圆满成功！

王新民几十年来都在刻苦写作，锲而不舍，已是著名的作家、学问家、出版家，陕西很重要的文化人。我们从年轻时交往到现在，不是常在一起吃吃喝喝，却相互尊重、友好如初，都是文字的交道，文学的缘分。他为人善良忠厚，温和柔顺，是生活中值得信赖的，是可以托付事的，而做学问写文章却严肃认真，意志坚定，不虚妄不偏执，不哗众取宠博名，不伪饰矫情得利。他出版了好多种书，有多本的内容都涉及我，我读后感到他的真诚和纯正，其材料来源翔实可靠，行文平静，思考以据深入，是非细辨分明。这我感谢他！

　　王新民几十年如一日的写作，似乎未见衰色，我相信他的文运还很长久，愿他再出成果，更创佳绩！

2016 年 11 月 15 日

后　记

　　我与图书及其编辑出版有缘。记得三十七年前，即
1983 年，我从西北大学中文系汉语言文学专业毕业后分配
到陕西人民美术出版社从事编辑工作，在单位发放的《出版
工作手册》扉页上庄重题词：忠诚出版事业，献身编辑工作。
从此与图书出版事业结下不解之缘。之后，尽管脱产两年赴
沪学习，数次机构改革，有机会调离或轮岗到广电、宣传等单
位，但却阴差阳错一直咬定"出版"这座青山不放松，践行着
题词中的诺言。

　　除了职业之外，我的业余时间也大部分与职业涉及的内
容息息相关，即读书、编书、写书和评书，我曾在有关文章中
谈及读书、编书、写书和评书贯穿我的大半生，尽管而立之年
后调离出版社到出版行政管理部门工作，但一直未离开出版
行业，因此，在读书之余，或应约策划编选贾平凹等作家作

品,或编写有关西安旅游图书,或从事包括书评在内的写作。写作大体分为四大体裁,一是散文随笔,二是报告文学,三是人物传记,四是书评书话,不论是哪种体裁或题材,大多与读书、编书、写书和出书有关,可以说,图书是我写作的持久对象和永恒主题。

我与贾平凹及其作品有缘。自20世纪80年代初在西北大学求学期间听了贾平凹的文学讲座并开始关注阅读他的散文小说作品后,就与这位当代文学大师结下了不解之缘。从20世纪八九十年代至今,在陕西人民美术出版社、陕西新闻出版局、陕西新闻出版广电局(版权局)、陕西省委宣传部工作的笔者,在业余研读贾平凹文学作品的同时,就开始了策划、编辑、编选他的文学著作的生涯,先后出版问世的图书计有《平凹游记选》《贾平凹游品精选》(与孙见喜合编)、《贾平凹书画》《坐佛》《做个自在人——贾平凹序跋书话集》《西路上——贾平凹手稿珍藏本》《贾平凹谈书论画》等;主编(与惠西平合编)出版了《贾平凹文集》(20卷)。同时征集编选或编著出版了《多色贾平凹》《贾平凹与〈废都〉》《贾平凹谜中谜》《〈废都〉啊〈废都〉》《贾平凹打官司》《书友贾平凹》《真话真说——贾平凹图书策划出版畅销纪实》《〈秦腔〉大合唱》《一部奇书的命运——贾平凹〈废都〉沉浮》《贾平凹纪事(1990—2000)》《贾平凹纪事(2000—2010)》《策划贾平凹》等图书。其中多为拾遗补阙之举，却屡有创新填空之效，也不乏长销甚或畅销全国、影响广泛的优秀图书，受到有关部门和广大读者的好评和赞誉。

众所周知或事实证明，贾平凹不仅是中国当代文学具有标志性、代表性和贯穿性的领军作家，而且是中国当代出版具有标志性、代表性和贯穿性的领军作者。据不完全统计，迄今海内外已出版了贾平凹的作品或作品集六百多种版本，堪称中国当代作家之最，尤其是长篇小说长销不衰——《废都》（印数达上百万册）之后的十六部长篇小说起印数均在15万册以上。散文集也一版再版长销不衰，其中《自在独行》发行逾百万册，创造了当代中国出版的奇迹。那么，将策划、编辑、出版、阅读、评论和鉴赏过程及思考予以记述，无疑将会对当代中国出版事业和产业具有借鉴价值、示范意义和促进作用。

在策划、编辑、阅读、鉴赏贾平凹作品之际，本人撰写了一系列有关贾平凹作品或有关贾平凹图书的随笔、书话、书评，日积月累，竟有三十多万字。承蒙江苏凤凰文艺出版社约稿，在张在健社长、于奎潮副总和平凹先生的鼎力支持下，现精选其中的部分篇目，结集出版，与读者分享。书中插图除署名和作者拍摄的书影外，其他的未署名的作者看到本书后请与出版社或作者联系，将奉送样书以示谢意。

这是关于策划、编辑、阅读、鉴赏贾平凹作品过程的真实记载，是对中国当代出版业尤其是改革开放四十年来出版业的生动记录，也是中国当代图书出版发行、阅读分享和鉴赏评论的发展史的缩影。希望广大读者能够喜欢，不足之处也期望读者朋友批评指正。

王新民

2020 年 2 月 2 日